Début d'une série de documents
en couleur

AUX POSITIVISTES

SECONDE ÉPITRE

—

LA MORT

DE

MONSIEUR LITTRÉ

PAR

Gabriel Désiré LAVERDANT

BAR-LE-DUC

IMP.-LIBR. DE L'ŒUVRE DE SAINT-PAUL, L. PHILIPONA ET Cᵉ

PARIS

LIBRAIRIE CATHOLIQUE, VICTOR PALMÉ, 76, RUE DES SAINTS-PÈRES

LIBRAIRIE DE L'ŒUVRE DE SAINT-PAUL, 51, RUE DE LILLE

—

1881

CHEZ VATTELIER, GERVAIS, DAVÈSNE, HETZEL,

A LA LIBRAIRIE GÉNÉRALE

ET A L'ŒUVRE DE SAINT-PAUL

OUVRAGES DU MÊME AUTEUR :

La déroute des Césars.

Théocratie et diabolocraties.

Le pape et l'empereur, drame.

L'apôtre de Tulle.

La liberté pour les pauvres et pour Dieu.

Histoire morale de don Juan.

Don Juan converti, drame.

Appel aux artistes.

L'aurore du jour éternel.

Défense de Jules Ferry, farce.

Défense de Notre-Dame, comédie.

Appel aux positivistes. Nos discords. Le miracle.

Pour paraître prochainement :

Appel à Alexandre Dumas et aux poètes.

Le symbolisme du Misanthrope.

Alceste consolé, drame.

Le feu d'enfer, comédie.

La Barque de saint Pierre, poème.

Appel au Pape.

Le chrétien, catholique apostolique romain, petit journal.

Bar-le-Duc. Typ. de l'Œuvre de St-Paul. L. PHILIPONA et Cᵉ. — 673

**Fin d'une série de documents
en couleur**

A MESSIEURS

GEORGES WIROUBOFF

ET

CHARLES ROBIN

RÉFLEXIONS

SUR LA

MORT DE MONSIEUR LITTRÉ

AUX POSITIVISTES

SECONDE ÉPITRE

———

LA MORT

DE

MONSIEUR LITTRÉ

PAR

Gabriel Désiré LAVERDANT

BAR-LE-DUC

TYP. DE L'ŒUVRE DE SAINT-PAUL, L. PHILIPONA ET Cᵉ

36, RUE DE LA BANQUE, 36

———

1881

I.

DISPUTE SUR UNE TOMBE

Messieurs,

Votre *Manifeste* vous présente au monde savant comme les successeurs de M. Littré dans la direction de l'Ecole positiviste;

Et l'article qui le suit (*La mort de M. Littré*) ouvre la dispute sur ce grand événement (1).

Je prends donc la liberté, avant de poursuivre mon *appel* à vos disciples, de répondre à votre discussion,

D'abord, pour chercher avec vous la vérité,

Ensuite, pour défendre mes coreligionnaires, et votre Maître lui-même, que vous diminuez avec les meilleures intentions de l'exalter.

Le baptême de M. Littré est le fait le plus considérable de nos derniers temps.

L'enterrement religieux d'un tel libre-penseur, chef de l'Ecole positiviste; la présenta-

(1) Philosophie positive, juillet-août 1881.

1

tion à l'Eglise catholique de ce très savant naturaliste humanitaire, qui, hier, s'affiliait solennellement à la Franc-Maçonnerie : c'est là un acte si frappant, qu'il a causé dans la famille philosophique de l'illustre défunt une vive émotion de surprise et de douleur, et jusque-là d'éclater dans un gémissement public.

Cette conversion était si inattendue, que plusieurs esprits prévenus et passionnés ont cherché à lui attribuer un caractère de malsaine captation; on a parlé de *violence posthume* et de *vol de cadavre!*

Pour qui veut examiner avec calme et juger avec impartialité, le fait de cette transformation *in extremis* paraîtra tout simple et très droit; et je soutiens que, dans toute cette histoire, il n'y a rien que de très honorable pour tout le monde, — aussi pour vous, Messieurs, car votre emportement est le témoignage de votre amour ardent et pour votre Maître et pour la vérité telle que vous la compreniez ensemble.

Il est dans la nature, dans la bonne nature, que le zèle de notre maison nous dévore; et l'un de vos collaborateurs, « appuyé sur la méthode positive », s'est chargé de justifier l'intolérance comme un signe de la vie et de la bonne foi. « La liberté de conscience, dit M. Mismer, n'entre en scène qu'aux temps sceptiques. Chaque fois que l'humanité se rallie à un *Credo*, ne fût-ce que pour une heure, elle l'impose aux récalcitrants par tous les moyens, y compris la violence et la persécution (1). »

Nous préférons à cette théorie un peu roide la pratique constante de votre illustre Maître : le dévouement à son *Credo* scientifique ne l'a jamais empêché d'être tolérant envers les personnes, respectueux à l'égard du prochain, et, comme dit l'un de ses apologistes, « un tel modèle d'impartialité et de modération, qu'en le lisant on prend une leçon de sagesse (2). »

Laissez-moi donc vous dire, à la bonne franquette, sans amertume, que nous serions tous plus heureux, si vous aviez été plus fidèles aux traditions du chef de la famille.

Vous administrez d'abord au *Figaro* une volée de vertes paroles. Il est homme à se défendre ; mais nous nous trouvons tous impliqués dans son procès. Vous dites :

(1) Même numéro de la Philosophie positive, p. 95.
(2) M. Durand-Gréville. *Revue nouvelle*, 1er août 1881.

« Il n'y a, au fond de tout cela, qu'une légende ; il n'y a aucun témoignage digne de foi, pas l'ombre d'une preuve ; il n'y a qu'un article de journal..... (suivent des injures au journal mis à la question). »

N'appréhendez-vous pas que les théologiens du *Figaro* ne retournent contre votre hauteur superbe un mot du Christ aux Docteurs de la synagogue : « En vérité, vous verrez passer devant vous la Banque et le Demi-Monde (1) ? »

Quoi qu'il lui advienne à la porte du paradis, le *Figaro* n'est point tant à dédaigner par les positivistes. Les deux plus vivants écrivains de votre Ecole, Alexandre Dumas et Emile Zola, illustrent cette feuille de leur prose ; et tous deux, je crois, y ont produit l'éloge de votre Maître. M. Zola, spécialement, a fait sur Littré un très remarquable article nécrologique, que l'énorme publicité du *Figaro* a porté à des millions de lecteurs. Il est vrai que le puissant auteur de l'*Assommoir* n'a pas dit, sur la mort du savant, un seul mot de nature à blesser la famille et l'Eglise ; et il est vrai que ce libre-penseur naturaliste a écrit, un beau jour : « Nous pouvons encore nous

(1) Saint Matthieu, xxi, 31, 32. (Traduction libre.)

entendre avec les catholiques ; ils aiment la nature et l'art ; ce sont des artistes. »

D'ailleurs, il ne s'agit pas, à propos du très pur Littré, de savoir si le *Figaro* est l'organe des Puritains, ou bien (comme on l'a appelé) le *Moniteur des biches et du Parc aux Cerfs.* Votre éminent condisciple, mon excellent ami Alexandre Dumas, dans tout son théâtre, depuis la *Dame aux Camélias* jusqu'à la *Princesse de Bagdad,* a constaté que c'est le Monde et le plus grand Monde qui fait le *Demi-Monde,* et qui vit dedans. C'est la sphère des pêches piquées et des vers luisants ; c'est une couche sociale très animée, alerte et curieuse, et la mieux satisfaite dans ses curiosités insatiables. Et il est un fait positif qu'aucun positiviste ne saurait contester, c'est que le *Figaro* est de toutes nos feuilles publiques la mieux informée, incomparablement : ses reporters pénètrent dans toutes les Cours et tous les cabinets, dans tous les salons et toutes les ruelles ; ils assistent à toutes les naissances et veillent au chevet de tous les morts, que leur inquisition poursuit jusqu'à l'église, au cimetière et au delà. Ils ont dû glisser leur oreille dans la chambre mortuaire, et plus avant que vous-mêmes, peut-être.

Vous arguez le reporter de fausseté, parce qu'il y a dans son article quelques détails faux et des inexactitudes. L'homme le plus véridique peut manquer de précision sur un point. Par exemple, M. Wyrouboff écrit : « C'est, on le voit, non seulement une fable, mais une fable inventée par le mensonge intéressé à travestir les derniers moments d'un *stoïque* libre-penseur. »

Libre-penseur, certes : il l'a été jusqu'à son dernier souffle, en ouvrant son âme à un nouveau rayon de la Vérité. Mais Littré, stoïque ? si jamais détail fut inexact, c'est celui-là, écrit à la page 8, et contredit à la page 27, et par Littré lui-même : « *Je ne suis pas stoïcien.* » Et vous-mêmes, Messieurs, vous vous chargez de démontrer que ce qui a manqué aux derniers moments de cette vie si modeste, si douce et si pacifique, c'est le stoïcisme orgueilleux, dur et batailleur.

Vous accusez le *Figaro* de ne fournir aucune preuve de la réalité de son récit : où donc est l'ombre d'une preuve de la vérité dans votre dénégation ? Où l'auriez-vous puisée ? Quel est votre témoin ? qui de vous était présent à l'heure de la mort ?

« L'histoire, dites-vous excellemment, ne doit

être jamais traitée à la légère. » On peut passer des légèretés à Figaro; il n'est pas permis à vous de traiter à la légère l'histoire de M. Littré. Repassez dans votre conscience vos émotions profondes et vos paroles légères; et vous ne tarderez pas à reconnaître qu'il n'y a eu, au fond de tout cela, rien que des préventions et un préjugé.

Il y a autre chose.

Mais, ici, nous sortons absolument du courant positif, du réalisme de la science, pour tomber dans les méandres du rationalisme et les vapeurs de la métaphysique.

Après avoir nié le fait, sans l'appui d'aucun fait, vous ajoutez :

« Il est une autre considération qu'il importe de faire valoir et qui est décisive : la légende, quelle qu'en soit l'origine, n'a aucune espèce de vraisemblance, elle se heurte à une *impossibilité morale absolue*. On peut, profitant d'un moment de découragement ou de faiblesse, faire renier à un homme les idées qu'il avait cru justes, *mais on ne peut lui faire changer sa nature, et chez Littré la doctrine positive était une condition organique d'existence. Il ne pouvait pas plus être catholique qu'il ne pouvait raisonner métaphysiquement; ce n'était pas sa volonté, c'était son cerveau qui s'y opposait.* »

Suit une analyse du caractère de M. Littré, et l'écrivain conclut :

« En le prenant tel qu'il était, tel que nous l'avons connu, aimé et admiré, je déclare que j'ai eu raison de dire au bord de sa tombe « qu'il était mort comme il avait vécu : sans contradictions et sans défaillances. »

Je doute que cette argumentation puisse se justifier devant votre Ecole biologique et psychologique.

On nous propose, pour expliquer Littré, le dualisme du cœur et du cerveau ; d'une part la raison incapable de contradictions, et, de l'autre part, la volonté très capable de défaillances : et l'on conclut que ce caractère a dû rester double jusqu'au bout, de telle sorte qu'aucune force de la pensée n'a pu être ébranlée par la faiblesse du caractère. Qu'est-ce donc qu'une âme défaillante qui ne peut aboutir à aucune défaillance ? Et que devient l'unité de l'être humain ? S'inspire-t-on de Manès dans l'Ecole de Comte et de Littré, et faut-il admettre que la cervelle seule est du bon Principe, et que le cœur est du malin ?

A cette philosophie boiteuse, il y a une

excuse. Vous me faites l'effet du bon, juste et passionné Alceste, emporté par le chagrin au point de perdre la mesure, au point de se faire redresser, fût-ce par Célimène, vînt-elle du *Figaro*.

Mais Alceste ne dédaignait pas le cœur; tout au contraire, et s'il avait rencontré dans la femme un peu de sa flamme cordiale, il eût été heureux d'honorer celle qu'il aimait.

C'est pour nous un étonnement pénible de ne point trouver dans votre article l'expression du respect auquel ont droit des femmes vénérables.

Vous n'avez pas songé à nier que la présentation à l'Eglise du corps de Littré fût un fait grave, et même, dans un sentiment de loyauté auquel nous sommes heureux de rendre justice, vous faites attester par le plus vieil et le plus fidèle ami de votre maître, M. Louis Viardot, qu'il lui a *bien des fois entendu répéter qu'il avait pris ses mesures pour que sa mort fût conséquente avec sa vie.*

M. Littré avait donc, par testament, écarté son corps de l'Eglise. Ce testament a été supprimé par sa volonté et par ses propres mains : personne n'y contredit. Seulement on cherche à expliquer le fait, chacun à sa façon.

1*

M. Durand Gréville, s'appuyant sur des paroles conformes du Maître, voit dans cet « acte final si opposé aux convictions de sa vie de quatre-vingt-dix ans, *une simple concession à l'amour conjugal.* »

Cela peut bien être. Et à ce sujet, il faut citer ici ce mot touchant, écrit de sa prison de Sainte-Pélagie, par Armand Carrel, à madame Littré : « Je sais, Madame, que je ne peux faire à Emile de plus grand plaisir que de vous en faire à vous-même. » (1)

Parole respectueusement cordiale, qui devrait servir de leçon de piété et de sagesse à tous les disciples de Littré. Si cet exemple avait été suivi, nous n'aurions pas eu le chagrin d'entendre aucun bruit troubler les funérailles du Juste, en présence même de sa famille éplorée.

Ce que M. Durand Gréville attribue à la bonté sollicitée par l'amour, M. Wyrouboff le met au compte de la faiblesse tourmentée par l'intolérance. Il écrit :

« La famille de Littré, emportée par un zèle religieux que les esprits les plus calmes trouveront exagéré,... profitant de son manque

(1) Cité par M. Durand Gréville.

d'énergie, a pu jeter sur le moribond de l'eau
bénite pour avoir le droit de conduire son
corps à l'église; mais cela est en dehors de la
volonté du penseur et ne l'atteint pas. Il est
responsable de ce qu'il a fait, et il serait sou-
verainement injuste de lui reprocher ce qu'on
a fait en dehors de lui et contre lui. »

Comment! vous vous appelez *les fils de
Littré*, et sachant :

1° Que, scientifiquement, ce généreux penseur a relevé la femme, et l'a associée frater-
nellement à l'homme, comme une digne Moitié,
destinée au partage du trône social;

2° Que, pratiquement, durant sa longue vie,
là où l'accord intellectuel des deux moitiés
n'était pas réalisé, il a donné l'exemple et le
modèle du respect que doit la raison virile au
cœur féminin:

Sachant cela, vous venez, sur la tombe à
peine fermée du bon patriarche, manquer ainsi
d'égards aux femmes qu'il aima si tendre-
ment, au sexe qu'il honorait si noblement!

Où donc est la *moralité supérieure* que vous
vous attribuez? où la justice plus large? Et
que devient la tradition des deux Maîtres de
l'Ecole, tous deux si respectueux envers le
sexe le plus cordial et le plus dévoué?

Quelle est votre philosophie nouvelle sur les *Droits de l'homme féminin ?* Savez-vous qu'un de vos condisciples, dans une autre Revue, a reproché à Littré d'avoir *manqué de courage moral et de n'avoir pas su défendre son foyer contre la superstition ?* Et M. Wirouboff reproduit ce grief : « Littré, écrit-il, n'ayant jamais voulu faire de prosélytisme, a été victime d'une *fanatique intolérance.* Pendant quarante-cinq ans, il a vécu dans son ménage, laissant tout faire, tout dire, tout penser, respectant scrupuleusement ce qu'il savait bien être de déplorables erreurs ; *ces erreurs* développées en liberté, épanouies à l'ombre de son savoir, *ne l'ont point respecté,* — cela est triste à dire, cela est regrettable, mais cela est naturel. »

Que deviendrait, sous une pareille impulsion, la liberté de la Femme ?

Où en êtes-vous venus, Messieurs ? Et faut-il croire que, coupant les ailes à l'altruisme, vous rétrogradiez dans l'égoïsme masculin ?

Prenez garde : les décadences s'enchaînent. Auguste Comte et Littré vous avaient inspiré l'espérance du triomphe de la Justice et de la Fraternité universelle dans les embrassements

de la Paix. Un de vos condisciples écrit encore :
« Le positiviste, au contraire du sceptique,
n'hésite pas à affirmer que, dans l'avenir, ce
noble sentiment (l'altruisme) grandira de plus
en plus » (1). Comment donc se fait-il que,
dans le premier numéro de votre Revue pu-
blié après la mort du Maître, nous lisions ces
déclarations d'un scepticisme désespérant :

Et que la Liberté et l'Égalité sont des rêves
absurdes,

Et que la Fraternité n'est qu'un idéal inat-
tingible,

Et que « la Femme, comme le voulait Proudhon *d'accord avec la Science,* doit occuper
dans la société, par rapport à l'homme, la
*position que la nature lui assigne dans la
couche nuptiale* » (2).

Faut-il croire que les positivistes vont dé-
serter l'Ecole du sage Littré, pour s'en aller à
la synagogue du sophiste Proudhon ? et ne
sentez-vous pas qu'un tel casse-cou vous ferait
retomber dans la sociologie d'Arnolphe :

« Du côté de la barbe est la toute-puissance
Votre sexe n'est là que pour la dépendance.

(1) Revue nouvelle.
(2) Philosophie positive, juillet-août 1881, p. 95 à 101.

Bien qu'on soit deux moitiés de la société,
Ces deux moitiés pourtant n'ont point d'égalité :
L'une est moitié suprême, et l'autre subalterne ;
L'une en tout est soumise à l'autre qui gouverne.
Et ce que le soldat, dans son devoir instruit,
Montre d'obéissance au chef qui le conduit,
Le valet à son maître, un enfant à son père,
A son supérieur le moindre petit frère,
N'approche point encore de la docilité
Et de l'obéissance et de l'humilité
Et du profond respect où la femme doit être
Pour son mari, son chef, son seigneur et son maître ! »

Ah ! très honorés et chers savants, voulez-vous échapper à ces pénibles défaillances, voulez-vous ne plus douter si la Fraternité universelle peut être atteinte et si la Femme peut atteindre au trône royal de l'Humanité, ouvrez les yeux à la vision qui a illuminé l'œil profond de votre Maître, et apprenez de la Théologie judéo-chrétienne que Dieu est attingible, compréhensible, et qu'en Lui peuvent être embrassées et possédées toutes les justices et toutes les harmonies.

Mais, hélas ! vous en êtes encore, vous, si ouverts à tous les horizons, à fermer les yeux du côté du ciel ; vous en êtes aux vieilles méfiances du Rationalisme et du Scepticisme à l'égard des prêtres. Votre Maître honorait, aimait, les Ravignan, les Olivaint, les Millério,

quoique Jésuites, qui ont passé leur vie à
parler de Dieu aux mourants : et vous n'avez
que suspicion malsaine à l'égard de l'ecclésiastique, qui, dites-vous, « prétend avoir eu
avec Littré de fréquents entretiens ». Vous
osez écrire que la légende du *Figaro*, « mensonge prémédité, s'est transformée, par un de
ces miracles dont les théologiens ont le secret,
en fait historique. »

« C'est ainsi, ajoutez-vous, à propos de votre
hypothèse psychologique, c'est ainsi que les
choses *ont dû se passer* avec M. Huvelin, qui
le reconnaîtrait, j'en suis convaincu, dans
l'intérêt de la vérité, *si l'intérêt supérieur de la
religion ne le forçait à se taire.* »

Où donc avez-vous étudié la Théologie chrétienne et sa morale dogmatique, si vous suppo-
sez que, pour un fidèle, il peut y avoir rien
au-dessus de la Vérité ? Que diriez-vous si
nous allions vous soupçonner, vous accuser
tout haut de mentir à la Vérité et de faire
mentir la Science par égard pour l'Ecole positiviste, qui est votre Eglise et votre Religion ?

Heureusement, je le répète et en toute sincérité, heureusement qu'il n'y a, dans tout ceci,
ni l'expression exacte de votre Doctrine, ni le
sentiment intime de votre cœur. Et ce qui le

démontre, c'est que le flot de votre amertume a débordé jusque sur la personne même de votre Maître. Vous lui reprochez « *une tolérance exagérée, un défaut d'énergie dans le caractère;* vous nous le représentez comme *un mélange en proportions variables de forces et de faiblesses;* et vous concluez, en termes généraux : « Les actes individuels comme les actes collectifs ne se soumettent à aucun critérium absolu; ils ne peuvent être sainement appréciés que lorsqu'on se place au point de vue spécial qui leur convient, car *le plus grand génie est toujours, par un côté quelconque, au-dessous de la plus vulgaire médiocrité.* »

Vous venez de relire vos paroles. Examinez, et jugez vous-mêmes. Nous en appelons de l'humeur passagère du philosophe à la conscience de l'homme de cœur, à la pieté du disciple.

Et nous vous demandons :

Est-il juste, est-il consonnant au devoir de la charité fraternelle (altruisme); est-il simplement conforme aux procédés de la science positive, de soupçonner qui que ce soit de manœuvres basses et criminelles, sans la moindre preuve, sans présomption aucune? Et faut-il, sur une tombe, au nom de Littré, rudoyer les saintes femmes qui furent le digne objet de son amour et de sa vénération, et maltraiter un jeune prêtre savant, que le prince des savants honorait de son amitié ?

Et convient-il à des disciples d'accuser leur Maître de décadence intellectuelle ? S'il avait persévéré dans sa négation, n'aurait-on pas vanté la fermeté persistante de sa raison ? Quel motif sérieux autoriserait un positiviste à déclarer l'imbécillité finale d'un si puissant esprit ? Un de nos frères ne peut-il changer de vue sur un point contraire à notre point de vue, sans être traité d'idiot ? Aucun libre-penseur a-t-il songé à accuser M. Littré de défaillance et les Vénérables maçons de captation ténébreuse, lorsque le disciple d'Auguste Comte, à l'âge de soixante-quinze ans, s'est fait baptiser membre de l'Ordre maçonnique, dans le Temple de Salomon ?

II.

LA TENDANCE AU DIEU INCONNU

Messieurs,

De notre petite dispute sur la réalité du fait en question, il résulte (vous n'en disconviendrez pas) que, dans le doute sur les preuves positives, qui ne sont encore produites ni d'un bord ni de l'autre, beaucoup de bons esprits, plus calmes que vous et nous, s'arrêteront volontiers à cette conclusion :

M. Littré, dans cette dernière année de recueillement, a bien pu remonter sur cette échelle « où la foi théologique et la foi scientifique s'unissent l'une à l'autre par degrés inséparables; » ou du moins a-t-il pu s'arrêter entre deux.

Il est bien vrai qu'il avait déclaré ne vouloir, par prudence, *pas plus affirmer que nier, en présence d'un immense incogniscible* (1).

_____

(1) Paroles du Maître, *Revue*, p. 14 et 13.

Mais qui peut, aimant la Science, ne pas incliner vers l'affirmation, ou se refuser à la recherche ?

On a dit du nouveau et illustre disciple de vos Maîtres, Alexandre Dumas : « C'est un génie qui cherche Dieu (1). » Et ce chercheur laborieux avait convié votre Ecole « à la découverte des causes et des fins de l'homme. (2) »

Un poète, c'est presque un prophète.

Littré n'a-t-il pas entendu cet appel de son plus jeune fils, qui suit Platon et Phidias vers le *Dieu inconnu*, et déjà chante, avec son ancêtre grec : *Ipsius et genus sumus ?*

Et comment serions-nous coupables *d'injure posthume et d'indigne calomnie*, pour avoir supposé que Littré a pu, comme Denys l'Aréopagite, prêter l'oreille à son patron saint Paul ?

Votre Maître, répudiant la négation, en était à la contemplation de la Lumière diffractée dans l'Immense : pourquoi ne l'aurait-il pas entrevue réfléchie dans un foyer ?

Vous déclarez n'avoir « pas d'autre religion que celle du respect pour le souvenir de votre Maître, » et que « Littré mort inspirera la

(1) Emile Montégut, *Revue des Deux-Mondes.*
(2) *Les femmes qui tuent,* 20ᵉ éd., p. 174.

Philosophie positive », et que « Littré sera
conservé tel qu'il a été jusqu'à la fin : serviteur
de la science, ennemi des superstitions. »

Il est clair que nous sommes tous d'accord
dans une même inimitié contre la superstition, effet des ténèbres, et dans un même
amour de la Science, fille de la Lumière.

Mais je doute que vous receviez l'inspiration religieuse de votre Maître, quand vous
annoncez que, continuant à vous renfermer
dans le domaine du connaissable, vous persé-
vérerez à *combattre la théologie.*

Cependant, que ferez-vous si la théologie
cesse de rester dans le domaine de l'incogniscible et se fait reconnaître dans le domaine
de la science ?

Que savez-vous si Littré est bien mort tout
entier ? Si, par aventure, votre Maître était
vivant ? s'il devait vous apparaître quelque
jour ou parler à votre esprit, et vous dire :
« Comme Thomas Didyme et Jean, j'ai vu de
mes yeux la Résurrection, je l'atteste ; j'ai
contemplé et je vous annonce la Vie éternelle (1) ?.....

— Folie de visionnaires ! vains fantômes !

(1) I ép. Jean, i.

— A la bonne heure! Mais ce n'est pas un fantôme qui a écrit : « La libre discussion reste ouverte. Que les théologiens trouvent et nous donnent d'autres preuves et meilleures (1). » On ne combat point systématiquement ceux auxquels on dit : Cherchez! surtout quand on a à ses côtés des émules comme Wallace et Stuart Mill, qui prétendent à voir et connaître Dieu, des condisciples comme Dumas, qui prennent la défense de Dieu, et quand on a pour premier Maître un génie qui a fini en théologien et quasiment en Dieu.

C'est d'Auguste Comte que je parle.

Etes-vous assurés qu'en fermant ses paupières, Littré n'a pas ouvert l'œil de l'esprit vers le ciel? Etes-vous certains, de science positive, que Littré a jusqu'à son dernier soupir combattu la théologie?

Nous allons, à la recherche de la vérité, vous suivre sur le terrain de l'analyse rationnelle et psychologique.

Littré, vers la fin de sa vie, est devenu franc-maçon.

Pour qui connaît la nature humaine, cette initiation aux Mystères des Loges était le

_____

(1) *Revue,* 25.

préambule d'un retour aux Mystères de
l'Eglise catholique.

La Franc-Maçonnerie, au fond et dans son
ensemble, comme l'a expliqué M. Paul Janet,
était naguère *une sorte de socialisme évangélique* (1).

Qui peut croire qu'un cœur comme Littré
ait été attiré à ce foyer par aucun mobile
mauvais, par aucun sentiment malsain?

« La Franc-Maçonnerie, lui disaient tous
les historiens de l'Ordre, c'est la recherche
pacifique de la science, la pratique de la vertu
et la confraternité universelle. »

Ernest Legouvé, son digne confrère de
l'Académie, a dû lui lire les vers innocents
que son tuteur, le plus pur des hommes de
bien et des amis de l'enfance, le Père Bouilly,
adressait à son pupille en le recevant dans sa
Loge.

Littré, qui a tant admiré l'œuvre féconde
des moines du Moyen Age, retrouvait là
comme un débris du Tiers-Ordre bénédictin,
jadis voué au culte de l'Art. Ces associations
sont, en effet, sorties des confréries d'archi-
tectes constructeurs du *Temple,* édificateurs

(1) *Revue des Deux-Mondes.* Sources de la franc-
maçonnerie moderne.

de toutes les églises et de tous les monastères.

L'esprit de l'institution primitive avait si bien persisté, que la Franc-Maçonnerie s'opposait au Monde en style monacal. « Dans le Monde, disaient les Maçons, règnent les passions et les vices et les institutions de la folie. Dans notre Ordre, règnent la bonne nature et la vertu et les institutions de la sagesse. Dans le Monde, l'un combat pour *César*, l'autre pour *Pompée*. Dans notre Ordre, il n'y a ni Pompée, ni César; il n'y a qu'une pensée, faire le bien, qu'une bannière, l'Humanité. Dans le Monde, plusieurs dieux. Dans la Franc-Maçonnerie, un seul Dieu; et dans sa loi d'amour un peuple de frères (1). »

Ajoutez une protestation contre l'intolérance, les conversions par la force, les Dragonnades et la Saint-Barthélemy; et vous avez toute la morale courante dans les Loges durant des siècles.

Comment la Franc-Maçonnerie s'est-elle remplie d'un autre esprit et a-t-elle revêtu une armure brutale? C'est toute une histoire, — que nous devrions écrire pour l'édification de nos Frères égarés, au lieu de perdre notre

(1) *Histoire de la Franc-Maçonnerie*, 1829. C'est le temps où Berryer se faisait maçon.

temps à les enfoncer, à coups d'injures, dans les repaires.

Les fraternités ecclésiastiques ayant été empêchées par l'action contraire des princes laïques et puis finalement dissoutes par les légistes des Etats séculiers, le besoin d'association dut chercher, confusément, au dehors de l'Eglise, des formes nouvelles ; et ainsi se constituèrent les Loges populaires des *Frères et Amis.*

Comme les rois et empereurs gênaient partout et liaient au char de l'Etat les associations libres, les Loges s'organisèrent dans le secret et fomentèrent un esprit d'inimitié à l'égard d'un pouvoir oppresseur ; et, comme les princes de l'Europe, séducteurs des Eglises nationales, firent de leurs clergés des instruments de règne, il dut arriver que les Francs-Maçons confondirent dans une même hostilité l'Eglise avec l'Etat.

Que si Rome a définitivement condamné la Maçonnerie, c'est que cette société secrète devint l'asile de tous les conspirateurs politiques et de tous les ennemis du vrai Dieu. Des associations d'origine évangélique avaient été tournées en sectes insociables et subversives ; un organe de vie humanitaire changé en

instrument homicide. Et les princes du monde
séculier ne furent pas étrangers à cette évolution en recul.

Tout au contraire du vicaire de Jésus-Christ,
le César moderne, plus malin, s'est affilié aux
Loges, pour s'en faire un instrument de règne
et dresser les déistes et monothéistes de
l'Ordre à combattre la théologie. Et les Maçons pieux avaient la naïveté de se réjouir
chaque fois qu'un loup « rempli d'humanité »
daignait se faire appeler Frère et Ami, et
voilant son casque d'un hoqueton, aspirait à
être le berger du peuple mouton.

Les deux géants de la guerre, Frédéric le
Grand et Napoléon le Grand, ont été francs-
maçons ; et ces deux grands menteurs et leurs
héritiers, tous faux frères, n'ont cessé de
transformer les pauvres moutons toujours
tondus, en tigres, toujours s'entre-dévorant,
pour la plus grande gloire de *César* et de
Pompée.

J'insiste sur cette évolution, sur ce progrès
à reculons, qui a fini par mettre une congrégation d'ouvriers évangéliques sous la coupe
des bêtes féroces du Césarisme. Les Fraternités maçonniques sont sorties des Confréries
catholiques. Depuis le siècle de Philippe-le-

Bel, les rois et empereurs, ne cessant pas de
paralyser la Papauté et les Moines, n'ont pas
cessé de lier les Tiers-Ordres. Dès le xiie siècle
même, on voit les princes anglais mettre la
main sur l'association maçonnique pour s'en
faire une agence servile. Toutes les Loges qui
n'acceptèrent pas la servitude royale furent
traitées en suspectes. Aussi l'Ordre disparut
comme institution libre à dater du xive siècle,
et ne reparaît qu'au xviiie comme société
secrète. Alors, des protestants s'y affilient.
Peu à peu les vrais maçons, les ouvriers,
disparaissent, et sont remplacés par les gens
du monde, bourgeois, nobles, princes souverains, empereurs. Par cette transformation,
par cette intrusion des Puissances étrangères
au Temple de la Paix, (*Pompée et César*),
l'institution, faussée dans son but, est altérée
dans son esprit. Toutefois, la Constitution et
les Rites gardent l'empreinte de l'origine
biblique et beaucoup de formes de l'Ordre
monastique. C'est ainsi que, devenue l'organe
de M. Prudhomme, sous le frein et l'éperon
des Césars, la Franc-Maçonnerie continue
à parlotter la langue de l'Evangile, en aspi-
rant toujours, au fond, à la Justice et à la Paix.

Et voilà pourquoi les bonnes gens, éloignées

de l'Eglise au courant des schismes, conti-
nuèrent à s'affilier à ces fraternités ; et beaucoup persévéreront encore à y égarer et
perdre leur bonne volonté, jusqu'à ce qu'enfin
l'Eglise, affranchie de toutes les servitudes des
Césars, assiste à la renaissance des Confréries
chrétiennes, dans le pur esprit des *Actes des
Apôtres*.

En attendant, et malgré l'afflux malsain de
farceurs mécréants et politiciens, les âmes
naturellement religieuses vont se loger à cette
enseigne d'une religiosité naturelle.

Certes, dans un foyer où le divin Mozart a
chanté, Littré put croire qu'il trouverait à
penser, à méditer, à contempler. Le sanctuaire
d'Isis n'est pas absolument étranger au saint
des saints de Rachel et de Notre-Dame. « Le
temps vient, a écrit Joseph de Maistre, où
l'on reconnaîtra qu'il y a des vérités dans le
Paganisme, et il suffira de les remettre à leur
place pour qu'elles brillent d'un vif éclat. »
Le sang d'Israël a coulé dans les veines religieuses de l'Egypte : « Joseph, le sauveur du
monde, épousa Aseneth, la fille du Grand
Prêtre d'Héliopolis (1). »

(1) Genèse, XLI, 45.

Messieurs les Francs-Maçons belges, qui viennent de faire exécuter à Bruxelles, à très grand orchestre, les *Mystères d'Isis*, et d'applaudir cet opéra comme une insufflation de leur Temple, apprendront, un jour ou l'autre, que cet adorable chef-d'œuvre est une inspiration de notre sainte Eglise, et que le prince des chanteurs, en invoquant la Bonne Déesse, honorait la Bonne Nature et pensait à la Vierge Mère, refuge des pécheurs et consolatrice des affligés.

M. Littré connaissait cette harmonie, versé qu'il était dans la langue des symboles. Tout homme lettré sait que Mozart associait les vagues aspirations humanitaires d'une Franc-Maçonnerie très innocente à la charité chrétienne la plus positive. Quiconque a le sens esthétique comprend que le créateur de la *Flûte enchantée* est, entre tous les maîtres de l'art le plus exaltant, le génie musical le plus foncièrement catholique. Son chœur incomparable: Noble Isis, grand Osiris, autant que son ineffable Agnus Dei, fait communier les âmes au cœur du vrai Dieu.

— Mais, objecterez-vous, M. Littré n'a pas été en Loge pour y chanter en chœur *Isis* et *l'Agnus Dei*. C'est le contraire. Il est entré au

Temple de Salomon pour y proposer l'exclusion de Dieu.

— Ah ! que nous parlons tous légèrement, et que nous ferions bien, comme Job, de mettre la main sur notre bouche ! Qui de nous scrute assez les voies de la Providence ou, comme vous dites, les évolutions de la Nature ? Qui a l'intelligence des chemins par lesquels la raison des cieux ramène nos âmes à la maison du Père de la famille éternelle ? (1)

« L'homme propose, et Dieu dispose. »

Comprenez bien, Messieurs, ce que votre Maître, *volens*, *nolens*, est allé inspirer aux Francs-Maçons.

« Frères et amis, il ne faut pas être superstitieux. Vous adorez ici un Dieu vague, idéal, métaphysique, que vous ne connaissez point (2). Est-ce rationnel ? est-ce conforme à la Philosophie positive ? Avez-vous vu ce Dieu unique, dont la loi d'amour vous convie à l'universelle fraternité ? Quels sont vos témoins, dignes de foi, qui, plus heureux, ont reposé sur le cœur de cet Ami divin et reçu de ses mains la tradition d'une doctrine salutaire ?

(1) Job, xxxviii, 20,37. La Fontaine, dernière fable.

(2) Viri Athenienses, per omnia quasi superstitiosiores vos video : ignorantes colitis. B. Paul, Act., xvii.

2*

« Non : vous n'avez point conversé avec aucun Dieu, et Salomon ne vous a jamais dit qu'il eût touché de ses mains le Principe de la Vie, Prince de la Paix.

« Alors qu'adorez-vous ? l'Inconnu.

« A qui rendez-vous un culte réel ? à un être de raison, à un fantôme de l'imagination.

« Rien de plus contraire aux réalités de la Science.

« Aussi, n'ayant aucun foyer réel de bonne vie, vous vous laissez mener à la vie mauvaise du Monde par de nouveaux Pharaons pasteurs, qui se faufilent dans vos bergeries pour mieux vous mener à leurs boucheries.

« Vous aspirez à Dieu, au Dieu inconnu, comme malgré vous : Je ne suis pas saint Paul pour vous présenter aucune personne divine; vous donc, si vous y tenez, cherchez la Divinité. La science ne vous défend aucune recherche; mais le Positivisme interdit à tout esprit positif d'adorer une chose inconnue, de cultiver comme Arbre de la Vie une essence insensible, de vouloir développer la nature sur une abstraction métaphysique. »

J'ose vous assurer, Messieurs, qu'au Sens du Christ, on ne saurait mieux parler, *opportune,* selon la convenance de nos derniers

temps ; car cette leçon (qui ne sera point per-
due) va, d'une part, forcer la masse des
Francs-Maçons à s'écarter des faux dieux
olympiens de nos Bas-Empires, et, de l'autre
part, attirer les âmes religieuses à la recherche et à la découverte du Dieu vivant et de
la Religion positive.

Littré, alors, ne menait pas à Rome ; mais
comment cette enquête sérieuse ne ramè-
nerait-elle pas les Fraternités maçonniques à
l'Eglise, d'où elles sont sorties, et au Christ,
que leurs pères ont adoré dans le Temple
vivant de Salomon ? Il va leur suffire de lire
le *Moyen Age et les Barbares*, pour retrouver
leur source évangélique.

Et Littré n'aura pas mis le pied, un moment,
dans ces Loges, sans remarquer, d'une part,
que leur constitution primitive est absolument
faussée ; de l'autre part, que la persistance de
cet Ordre plus ou moins biblique et ecclésiastique, accuse, dans l'Humanité, le besoin
indéfectible d'une Religion, sous les formes
sensibles d'une Eglise, avec un culte servant
de parure à une morale et à un dogme
théologique.

Quoi qu'il en soit, nous croyons pouvoir affirmer que le plus grand disciple d'Auguste

Comte, votre Maître, devait finir, comme son
Maître, par faire retour à la Théologie, et
avec plus de simplicité et de sûreté.

Après avoir tout fouillé et creusé, tout analysé et compris en profondeur et en largeur;
après avoir fait de la terre entière un monument scientifique, il est tout à fait naturel
qu'un esprit fort, étendu, ouvert à l'universelle nature, cherche son épanouissement en
hauteur. S'élevant de l'analyse à la synthèse,
il a besoin de savoir comment notre planète se
comporte avec les autres mondes; il veut
trouver la loi des relations du Cosmos terrestre avec le céleste Univers : et alors, nécessairement, se présente au savant le plus
positif, avec l'idée de l'*au delà,* la vision du
Très-Haut. C'est surtout à l'heure où l'on va
quitter la terre, qu'on se demande ce qu'il y a
au-dessus de la terre, au foyer recteur de
tous les soleils; et ne semble-t-il pas que la
Nature, notre mère, étende providentiellement
les corps sur leur couche mortelle, de manière
à tourner la face et le dernier regard vers le
ciel, vers les régions de la vie nouvelle et de
la consolation, *ad astra!*

Auguste Comte et Littré avaient enseigné
que la Théologie correspond au premier âge de

l'humanité. Quelque disciple irrespectueux viendra-t-il, à propos de la conversion des deux fondateurs de l'Ecole, nous rappeler l'adage vulgaire :

« Au déclin de la vie on retombe en enfance. » ?

Nous lui demandons s'il n'y a rien de bon dans ce contact d'extrêmes, et si le vieillard ne trouve pas soulagement et joie à prendre part aux naïvetés et aux sourires des innocents.

Lorsque la raison de l'âge mur n'a point suffi pour éclairer les problèmes de l'avenir de l'homme et de la destinée de l'humanité, n'est-il point sage de revenir, quelque peu, aux impressions de la première enfance, pour retrouver dans l'instinct les lueurs radieuses que l'austère raison a laissé perdre ?

Le peuple, c'est encore un grand enfant; et son instinct, parfois, fait la leçon aux superbes raisonneurs qui le veulent guider. Littré, sur le seuil de l'éternité, s'est rallié au bon sens des masses, et nous n'avons pas oublié cet avertissement donné par sa haute sagesse à l'arrogance des Jacobins : « Prenez garde ! en France, le suffrage universel est catholique. »

M. Littré attendait particulièrement du peuple ardent de Paris une impulsion vigou-reuse pour le progrès du genre humain : Or, dans le numéro de la *Revue nouvelle* où votre condisciple M. Durand Gréville rend hommage à votre Maître, M. Louis Pauliat honore dans le peuple de Paris, comme la preuve d'un idéalisme élevé et d'un profond sentiment religieux, « *le culte des morts, qui le · met en rapport avec le* AU DELA. »

Et par une coïncidence singulière ce mot d'espérance se trouve immédiatement suivi et couronné par ce nom d'un grand mort, dont vous avez le culte :

LITTRÉ.

Notre remarque est une puérilité. Sans doute. Mais les virilités graves sont si décourageantes pour les cœurs aimants, que nous serions tentés de chercher le soulagement jusque dans les enfantillages.

L'enfance et ses impressions instinctives ne sont pas à dédaigner. « Si vous ne devenez comme de petits enfants, vous n'entrerez pas dans le royaume des cieux. » C'est parole d'Evangile. Le royaume céleste dont parle Jésus-Christ, c'est le domaine supérieur de la Science, d'où l'observateur domine la nature entière, où la Vérité universellement contemplée donne à l'esprit, avec sa pleine liberté, la joie.

Puissiez-vous, chers Messieurs, être de ces orphelins que l'Eglise console avec cette parole du Prophète hébreu :

Spes illorum immortalitate plena est !

III.

LA DERNIÈRE MÉDITATION DU SAVANT

HYPOTHÈSE

Le bon sens de M. Littré, en traversant les Loges maçonniques, aura fait sentir aux Frères de bonne volonté que, pour connaître, aimer et servir le vrai Dieu dans son temple vivant, il ne suffit point d'oublier le Christ et son Eglise et de s'en aller invoquer Salomon et l'invisible Architecte de l'Univers.

N'est-il pas naturel qu'en travaillant à guérir les Francs-Maçons d'un déisme confus, sentimental et superstitieux, votre Maître ait réfléchi sur cette *Religiosité,* faculté supérieure que M. de Quatrefages trouve au cœur du sauvage le plus brut, comme le caractère essentiel du genre humain, et que Gall et Spursheim retrouvent au front du civilisé le plus

raffiné ? Et ne pouvons-nous, en toute bien·
veillance, supposer que, dans le paradis de sa
bonne âme, il a pu entendre passer un soupir
du Frère et Ami céleste : *Vocem Domini Dei
deambulantis in paradiso ?*

J'en appelle à votre jugement réfléchi, Messieurs les positivistes :

N'est-il pas possible qu'une âme forte, qu'une
raison haute, un Littré, aux approches de la
mort, se soit arrêté devant les doutes et les
questions que voici ?

« Les éléments de mon corps vont se dis-
soudre ;

Mais les forces physiques sont indestructibles.

Et il y a en moi autre chose que l'élément
minéral, végétal, animal ;

Il y a autre chose que l'électricité, la lumière
et la chaleur :

Il y a, en moi, un amour pour ma femme,
pour ma fille, pour mes amis, pour mes frères
et fils spirituels ; il y a mon amour pour la
science, pour les Corps savants et littéraires,
pour la France ma patrie, pour l'Humanité.

Ces forces, plus actives que les autres, se-
raient-elles, comme les autres, indestructibles ?

Dans ce cas, où vont-elles, et que deviennent-elles ?

Demain, la pesanteur aura cloué mon corps au sol; l'attraction d'en bas mettra mes éléments chimico-physiques en affinité avec la matière terrestre.

Or, la pesanteur, qui tire en bas, a pour corrélatif l'attraction, qui attire en haut.

Quels sont les éléments de mon être qui montent attirés vers le haut ?

Mes fluides impondérables; je le sais. La chaleur de mon sang s'en va; la lumière de mon regard s'éteint; mon activité vitale s'évanouit.

Cette triple force ne s'élève-t-elle pas vers son foyer, le soleil, tandis que mes éléments chimiques se transforment dans le monde d'en bas ?

Où donc s'en va et s'élève mon sens poétique ? Où va s'étendre ma raison ? Où vont palpiter mes amours ?

Comme il y a pour mes fluides impondérables un haut foyer physique d'attraction, le soleil, n'y aurait-il point, pour ces autres impondérables, ma sensibilité, ma pensée et mon amour, un autre haut foyer moral d'attraction, un soleil des esprits ?

C'est l'hypothèse de Stuart Mill; c'est l'affirmation de Wallace; et Darwin n'y contredit
point. C'était la certitude de ces bons Pères
Olivaint et Millerio, dont j'ai admiré et loué
la vie pieuse et dévouée (1). C'était l'affirmation solennelle de Copernic, Colomb, Keppler
et Newton, de Fra Angelico, Raphaël et Michel-
Ange, de Haydn, Gluck et Mozart. Et mon
savant maître Auguste Comte a fini par une
intuition théologique....

N'y aurait-il point, pour ma personnalité,
un au delà de ce que nous appelons la mort,
une autre demeure? pour mon vivant esprit,
un très haut principe de vie éternelle?

S'il est admis par la Science positive que
rien de la nature sensible ne s'anéantit, *la vie
de mon être humain* étant une chose sensible,
pourquoi cette vie réelle s'anéantirait-elle?

— Mais, rêveur, cette vie, ne la vois-tu pas
s'éteindre, et tous les éléments s'apprêter pour
la dissolution?

— Oui, parfaitement, je vois mon corps s'ap-
pesantir, mes membres refuser leur service:
c'est clair.

Mais comment se fait-il que je sente en moi

(1) *Revue de la Philosophie positive*, janvier 1880; et
lettre rendue publique.

un quelque chose autre que l'organisme phy-
siologique, contraire à la décrépitude et à la
ruine du corps; et que cette autre chose, en
contradiction absolue avec la mort prochaine
de ma chair, pense, aime, aspire, travaille,
cherche, s'inquiète de ce qui va se passer,
fasse effort pour pénétrer l'invisible, pour s'é-
clairer et s'ouvrir vers ce que j'ai nommé
l'immense ? D'où vient que je me préoccupe
de connaître *l'incogniscible ?* Où est la preuve
positive que ce qui était, hier, inconnu et même
incogniscible à la raison humaine, ne lui sera
pas accessible, demain ?

Le peuple garde une foi opaque au ciel théologique : ne peut-on y introduire, avec plus de
lumière, la transparence ? La croyance naïve
exclue-t-elle la réalité dévoilée ?

La femme croit; l'enfant, sous la main ma-
ternelle, va, sans aucune résistance de la nature, vers ce qu'on nomme *le bon Dieu.* Le
sens et le cœur auraient-ils leurs raisons, que
la raison ne comprend pas ?...

Ma bonne femme ! ma chère fille !...

Que va-t-il leur rester de moi ?

Le souvenir de Littré ?

L'idée Littré !

Mes livres, des papiers....

Nos adversaires eux-mêmes, les métaphysiciens, les catholiques, concertent pour chanter : « Le *Dictionnaire* de Littré est un monument qui bravera les âges. »

Eh quoi ! l'ouvrage vivrait plus que l'ouvrier ? La créature serait plus durable que le créateur ?...

J'ai passé trente ans à chercher et trouver la science de la parole ; je continuerai par mon livre à apprendre à parler français à tous les peuples de l'humanité : et moi, je ne parlerai plus !...

J'ai fait connaître la science d'Hippocrate : et je ne connaîtrai pas Hippocrate en personne ? et lui, il ne connaîtra rien de l'homme de bonne volonté qui a développé son culte parmi les hommes !...

Nous nous disons, il est vrai, que nos travaux servent aux autres hommes nos frères, à toutes les générations à venir : c'est juste, et c'est une consolation, un bonheur !

Cependant, n'ai-je pas démontré, contre l'opinion de Herbert Spencer, que l'égoïsme et l'altruisme sont des forces indestructibles, destinées à se combiner, à vivre ensemble harmonieusement ? Dès lors, pourquoi donc mon *moi*, ayant eu part à la peine de cette existence laborieuse, cesserait-il d'être, quand l'humanité persisté, et n'aurait-il point part à l'honneur et à la joie des générations futures, plus éclairées et plus heureuses?

Et n'est-il pas étrange, contradictoire, que mes écrits servent efficacement au progrès des lumières, et que moi, je demeure étranger aux clartés croissantes et que je disparaisse enfoui dans les ténèbres extérieures ? Est-il juste que je ne sois pas de la fête commune?

Et d'ailleurs, mon livre survivant et même bienfaisant, n'a aucune puissance de création nouvelle. Tandis que si je survivais, moi, je persisterais à être auteur, créateur, et de plus en plus évangélisateur d'une vie générale plus abondante !

« *Et abundantius!*..... »

« Ah! de la lumière! de la lumière! encore de la lumière! »

IV

LES DERNIERS ENTRETIENS DU SAGE

Chers Messieurs,

Est-il déraisonnable de supposer que de tels problèmes et de tels raisonnements ont pu, quelquefois, traverser l'esprit de votre Maître laborieux ?

, Et maintenant, laissez-moi imaginer qu'à l'un de ces moments de méditation, la voix tendre de sa chère femme annonce au philosophe une visite :

— Monsieur l'abbé.

— Vous arrivez à propos, mon jeune ami. J'en suis à chercher un point fixe, un axe positif, dans votre religion prétendue positive.

Malheureusement, vous ne pouvez pas me démontrer deux choses :

1° Que le miracle est possible ;

2° Qu'il n'y a pas eu *arrêt de développement,* depuis le xve siècle, dans l'Eglise du Christ.

Et qu'est-ce qu'un Dieu qui laisse arrêter son
œuvre ?

— Cher Monsieur Littré, je ne songe à vous
fatiguer d'aucune démonstration théologique;
et, quoique ancien élève de l'Ecole normale
et professeur de l'Université, je n'ai pas la
prétention de faire un cours d'histoire à l'historien du *Moyen âge et des Barbares*.

Vous savez que je vous aime et je sais que
vous m'aimez ; ensemble nous nous encoura-
geons à aimer le prochain : voilà le principal.

— A la bonne heure ! Mais dites-moi ces
bonnes choses dans la plus belle des langues.
Voilà trois jours que ce vaurien de Saint-
Hilaire, absorbé par son Turc (que diable
va-t-il faire dans cette galère !) n'est pas
venu me parler grec. Vous verrez qu'il me
laissera partir, sans plus m'en dire un
mot.

— Bon ! n'avons-nous pas la vie éternelle,
pour étudier, aimer, chanter en grec ?

— Croyez-vous, l'abbé, qu'on parle grec
dans le soleil ?

— Aussi bien, pour le moins, que chez le
Grand-Maître laïque de l'Université.

— C'est dommage qu'on ne puisse pas y
aller voir.

— « C'est dommage » : il est donc à souhaiter qu'on fasse le grand voyage d'ici là-haut ?

— Non pas pour ceux que votre Eglise envoie en enfer.

— L'Enfer et le Purgatoire vous oppressent ? Voici un savant d'Outre-Manche qui fait entrer ces tristes demeures et leurs populations dolentes dans l'ordre universel, sous le titre des *Pénitenciers du Cosmos,* hôpital des infirmes et bagne des incurables (1). Les Positivistes trouveraient peut-être des aperçus nouveaux dans ce livre original, qui traite *de omni re scibili et quibusdam aliis.* Ils y verraient confirmée cette vue de saint Thomas d'Aquin, que « sans l'existence du mal l'univers serait moins parfait. » Où serait le mérite d'Hercule, s'il n'avait pas eu à choisir entre la volupté animale et la vertu divine ?

L'Eglise, comme la sagesse grecque, offre le choix aux âmes de bonne volonté. Elle n'envoie personne en enfer. Y va qui veut. Dieu, qui est charité, est liberté.

— Fort bien. Et si je ne peux croire à votre

(1) Hell is a prison, a hospital for the cure of souls or the treatment of incurables. (Hugh Doherty, *Organic philosophy.* Vol. IV, p. 2.)

ciel théologique, on me laissera tomber dans votre bagne diabolique.

— Vous en enfer ? Vous êtes trop bien de l'âme de l'Eglise. Vous êtes de ceux qui, méconnaissant le Verbe, n'ont jamais parlé contre l'Esprit. Vous êtes, au plus haut rang, de ceux auxquels le Fils de l'Homme veut dire : « Venez, les bénis de mon Père... » Et comme votre sagesse a compris que l'amour du prochain est plus que tous les holocaustes et tous les sacrifices, il y a longtemps que Jésus vous a dit : « Scribe savant, vous n'êtes pas loin du royaume de Dieu (1). »

— Dieu... Laissons l'incogniscible.

— Mais Jésus-Christ, ce n'est pas le Dieu inconnu, puisque vous en avez constaté l'existence réelle, loué l'Evangile, glorifié les œuvres.

— Jésus? oui, grande et belle âme; l'altruisme au plus haut degré !

— Et ce Jésus a dit : « Quand je serai élevé au-dessus de la terre, j'attirerai tout à moi. »

— Noble attrait !... Nous en aurions bien besoin. C'est dommage qu'il ne soit plus.

— C'est dommage !...

(1) Saint Matth., xxv, 34. Saint Marc, xii, 34. Matth. xii, 32.

3*

« — C'est étrange, mon ami : plus la fatalité de la mort incline et dégrade mon corps, et plus je me sens d'attrait pour la vie, pour les pensées hautes et les affections supérieures.

Je ne puis m'empêcher de descendre : Comment m'arrêter de monter ?

Etrange contradiction !... Où est Kant, pour causer de ces antinomies ?

— Où est le Christ, pour les résoudre ?

— Où ?

— Assez causé, mon bon ami. Voici, pour vous reposer, vos bons anges. Vous savez la définition de la femme par un Père de l'Eglise ? *Mulier, cor hominis.*

— Bons cœurs : soulagement du corps, consolation de la pensée !

La sœur de charité.

— Monsieur Littré, votre consommé.

La fille.

— Père, c'est moi qui l'ai fait.

L'épouse.

— Cher, appuie ta tête sur mon épaule.

Le prêtre, du fond de son cœur.

O Christ, pain du ciel !... Très sainte Mère des hommes de bonne volonté, reposez cette grande âme sur le cœur de votre divin Fils ! »

Messieurs nos frères,

Si des conversations semblables ont eu lieu autour de votre Maître, qu'y aurait-il là qui pût justifier aucune accusation de violence posthume et de captation scélérate?

Je sais qu'un apôtre a visité le vénérable philosophe, presque quotidiennement, durant sept mois. J'ignore absolument comment les choses se sont passées ; et la scène ci-dessus rapportée est de pure invention.

J'ai l'honneur de connaître personnellement M. l'abbé Huvelin : il ne m'a rien raconté de son apostolat, sinon les deux paroles que je vais citer.

Quinze jours avant la mort :

« M. Littré n'a plus d'objections contre la vérité. Il a le regret de sa vie religieuse imparfaite. »

Après la mort, le prêtre bienheureux s'est borné à me dire :

« Madame Littré seule a agi efficacement, et il y a eu acquiescement raisonnable d'un esprit très libre. Nous l'aimions ; nous avons prié pour lui. Dieu voulait cette âme, et l'a attirée dans sa gloire. »

Telle est ma légende.

Vous ne pouvez pas dire qu'elle vient d'un

homme de parti, d'un ennemi, qui s'empare du mort pour jeter le mépris sur sa philosophie vivante.

Mon épître à M. Littré témoigne de ma profonde vénération pour son caractère, pour sa libre-pensée et pour sa science, pour votre science.

Sans doute, je n'étends point mon respect jusqu'à vos négations. Une négation n'est pas une philosophie.

Comment pourrais-je songer à jeter le mépris sur les affirmations positives qui me sont communes avec vous, quand elles ont, bien entendu, le caractère scientifique?

Vous n'êtes pas de ceux qui affirment que l'homme est issu de la guenon par le singe. C'est là un dogme de Hœckel et Cᵉ.

Et vous n'affirmez pas davantage, avec M. Soury, que l'ultimate de la matière est la cause première et unique du gouvernement des mondes.

— Mais, objecterez-vous, votre légende n'est qu'une légende; et nous avons contre elle l'histoire positive de M. Littré, y compris son testament.

Voyons l'histoire positive de ce testament.

V

LE TESTAMENT DU PÈRE

« POUR LA DERNIÈRE FOIS »

Vous insistez beaucoup sur la valeur particulière de ce document :

Pour la dernière fois,

« auquel M. Littré attachait la plus grande
importance. L'homme tout entier, dites-vous,
est dans cet article que nous reproduisons
comme une réponse péremptoire à toutes les
malveillantes insinuations. »

Je prétends insinuer, sans malveillance
aucune, qu'il y a dans ce testament spirituel
le signe d'une évolution intérieure, précur-
seur d'une transformation finale. Dès que le
feu de votre blessure aura été calmé par
l'onction charitable de quelque autre sainte
femme, vous comprendrez que cet acte suprême
d'une bonne volonté incomparable nous convie,
des deux bords opposés, au rapprochement, à
la conciliation, à la paix sereine et radieuse.

En mars-avril 1880, une année pleine avant sa mort, M. Littré constatait sa situation personnelle très indépendante entre deux influences qui se disputaient sa conquête exclusive.

« D'une part, certaines âmes pieuses n'ont point renoncé à compter pour moi sur un effet souverain de la grâce divine... »

« En revanche, mes amis de la libre-pensée sont prêts à s'écrier : Eh quoi ! retournez-vous aux vieux contes surnaturels ? L'enfance sénile commence-t-elle pour vous ?... »

« En écoutant les uns et les autres, je me rappelle que la Philosophie positive, qui est ma maîtresse, représente l'évolution historique comme un ensemble où la foi théologique et la foi scientifique s'unissent l'une à l'autre par degrés inséparables ; et, sur ce grave enseignement, toute répugnance disparaît en moi à prêter l'oreille aux choses anciennes qui me parlent tout bas et me reprochent de les abandonner. »

Ainsi des libres-penseurs de ses amis étaient mécontents de Littré,

Et parce qu'il avait pris parti historiquement

pour les religions et fait l'éloge relatif spécialement du catholicisme,

Et parce qu'il avait défendu le principe de la liberté de l'enseignement religieux, même au profit des Jésuites.

Voilà un caractère, en effet, fort singulier dans le monde de la libre-pensée et de la franc-maçonnerie ; voilà une ouverture d'esprit et de cœur dont n'ont aucune idée MM. Gambetta, Bert et Ferry, quoiqu'ils se proclament positivistes et prêtres de Salomon (1).

L'illustre franc-maçon, Maître des positivistes, au nom de la Science, sa Maîtresse, évangélisait une philosophie et une politique radicalement contraires à celles des Jacobins.

Toutefois, Littré, alors, n'hésitait pas dans ses préférences entre le courant qui emporte tant d'intelligences vers le Naturalisme et le contre-courant qui en reprend un certain nombre et les ramène aux croyances théologiques.

« Je contemple, disait-il, en sociologiste leur action et leur réaction ; et je consulte la

(1) Salomon, en hébreu, signifie le *pacifique*. Hélas ! génération pervertie, qui s'en va-t-en guerre au nom du Prince de la Paix !

sociologie, non la foi, pour pressentir ce qui en adviendra. C'est assez dire ce que je pense du conflit. »

La conclusion de l'article arrêtait l'esprit sur le terrain positiviste, dans une mesure très large :

« La philosophie positive, qui m'a tant secouru depuis trente ans et qui, me donnant un idéal, la soif du meilleur, la vue de l'histoire et le souci de l'humanité, m'a préservé d'être un simple négateur, m'accompagne fidèlement en ces dernières épreuves. Les questions qu'elle résout à sa manière, les règles qu'elle prescrit en vertu de son principe, les croyances qu'elle déconseille au nom de notre ignorance de tout absolu, je viens, aux pages qui précèdent, d'en faire un examen que je termine par la parole suprême du début : pour la dernière fois. »

Voilà bien où en était Littré, douze ou quinze mois avant sa mort. Le Positivisme lui semblait embrasser harmonieusement la Nature et l'Humanité, sous ses yeux reposés, devant son esprit en paix.

Nous pourrions, ici, faire remarquer qu'une

année de méditation a pu, au cours de son évolution naturelle, produire dans une si active intelligence un mouvement de transformation. Le Testament a pu se couronner d'un Codicille.

Nous devons, en outre, tous, considérer ceci :

Durant cette maladie qui tourmenta le corps sans rien ôter à la tendresse du cœur et à la force de la raison, M. Littré, pour donner à la nature souffrante une plus profonde tranquillité, cessa d'avoir des rapports journaliers avec son Ecole, et, de sa libre volonté, se complut à restreindre sa conversation dans un cercle d'un tout autre caractère. Il se trouva, dès lors et constamment, en accord de science avec M. Barthélemy Saint-Hilaire, un péripatéticien, c'est-à-dire déiste et métaphysicien en même temps que naturaliste, en communion de sagesse avec la ferme raison de sa fille, en rapport de charité avec une Sœur hospitalière, sous les ailes de la mère de famille, tous respectueux jusqu'au scrupule de ses idées, mais tous fidèles à leurs propres sentiments. Ajoutez le concours d'un prêtre évangélique, qui avait bien le droit de se dire en un si pur milieu : Notre société se rapproche des cieux ; *Conversatio nostra in cœlis.*

Mais laissons cet aperçu sur le codicille possible, et revenons au testament réel.

Cette étude sur son histoire psychique où M. Littré parla au public *pour la dernière fois,* contient, à propos du P. Olivaint, une confession curieuse et touchante. Méditons ensemble sur ces *novissima verba* de votre Maître vénérable.

« J'ai sous les yeux un livre intitulé *Pierre Olivaint, prêtre de la Compagnie de Jésus,* par le P. Charles Clair, 1878. La suite montrera qui fut Pierre Olivaint avant de devenir jésuite, et comment la similitude entre nos commencements et la dissemblance entre nos conclusions ont excité un vif intérêt en mon esprit. Mais auparavant, je ne veux pas laisser ignorer que ce prêtre, ce jésuite est mort victime de sa robe et de ses croyances; il a été égorgé en 1871 par les gens de la commune.

« J'offenserais la mémoire chrétienne du P. Olivaint, si je lui appliquais la phrase païenne de Tacite, *laudatis antiquorum mortibus pares exitus ;* et c'est de martyre au plus beau sens chrétien qu'il faut ici parler. »

(Ici, un mot de protestation du savant pacifique contre la Commune jacobine homicide.)

« Rien ne pronostiquait au P. Olivaint
qu'il aurait un jour la foi, qu'il deviendrait
un champion de l'Eglise, et qu'il verserait
son sang pour elle. J'aime en chaque domaine
moral à me servir des expressions familières
à ceux qui y appartiennent, et, me confor-
mant au langage catholique, je dirai qu'il est
un exemple de l'action triomphante de la
grâce qui transforme les cœurs. Tout le pré-
parait, dans sa famille, à entrer en ce milieu
où les enseignements du XVIIIᵉ siècle, les
idées de la révolution et les notions de la
science positive l'emportent sur les doctrines
théologiques. Il grandit dans une maison
d'où Dieu était absent, dit son biographe.
Nulle part ses yeux n'y rencontraient l'image
du Sauveur crucifié ni de sa Mère; personne
ne lui donnait l'exemple de la prière; et
rarement on le conduisait à l'église. Cependant on n'était pas chez lui tellement opposé
au catholicisme qu'on ne lui ait fait faire sa
première communion. Cet acte, auquel il

semble avoir été insuffisamment préparé, s'il ne fut pas sans fruit, ne laissa pas en son âme d'impressions bien profondes.

« Bientôt, il est mis au collège. Doué d'heureuses dispositions, il y fait de bonnes études. Un jour, une main inconnue écrivit sur le cahier de l'écolier, à la suite de son nom, l'épithète de curé. Il s'en indigna sans doute comme d'une espièglerie de mauvais goût ; elle avait cependant pour les enfants qui se la permettaient une signification. Olivaint gardait dans son langage et sa conduite une rigidité scrupuleuse qui les étonnait tous ; jamais un mot ne sortait de sa bouche qui pût offenser la vertu (1).

« Arrivé à l'âge où il dut songer à un état (il était sans fortune), il se décida pour l'Ecole normale et la carrière du professorat. Il avait été trop bon élève pour n'en pas fran-

(1) Moi aussi je fus traité de curé, mais ce fut plus tard qu'Olivaint et alors que j'étais jeune homme. Je dus cette appellation beaucoup à mon extérieur et quelque peu à mes habitudes studieuses et réservées. En 1874 ou en 1876, étant à Lion-sur-Mer et m'y promenant sur la plage, deux messieurs vinrent à passer. « Voilà Littré, dit l'un deux. — Littré ! dit l'autre, il a l'air d'un vieux prêtre. »

chir le seuil sans difficulté. A ce moment
l'influence des idées de sa famille et celle du
milieu où il vivait se faisaient seules sentir ;
et quiconque l'eût observé n'aurait rien vu
en lui qui le distinguât de la foule de la
jeunesse formée sous de semblables aus-
pices. Les souvenirs de ces années d'erreurs
lui arrachèrent ce douloureux aveu recueilli
par son biographe, p. 7 : « Je me rappelle,
« disait-il, mon éducation, mes passions anti-
« religieuses à la sortie du collège ; combien
« j'étais plongé dans ce nouveau paganisme,
« combien il m'aurait bien été de combattre
« par l'épée, par la parole, contre Jésus-Christ
« et son Eglise.... J'aurais cru par là rendre
« service à Dieu : *Obsequium præstare*
« *Deo.* »

« Pendant que je relatais ces différents
traits biographiques, un retour sur moi-
même m'a montré que les miens ne différaient
pas sensiblement des siens. Moi aussi, j'ai
été élevé au sein d'une famille où les
idées théologiques n'avaient guère accès.
Les images divines étaient aussi absentes de
notre maison que de celle du P. Olivaint.

Mon enfance s'écoula sans aucune éducation religieuse ; je ne fis pas de première communion ; entre mon père nominalement catholique et ma mère protestante peu zélée, la pretérition futfacile. Mis au collège comme P. Olivaint, j'y fis comme lui de bonnes études ; j'eus des succès au concours général. Je n'entrai point à l'Ecole normale ; mais il fut plus qu'une fois question de m'y faire entrer ; les tergiversations seules de mon père m'en empêchèrent ; et, dans tous les cas, plusieurs de mes camarades, qui restèrent mes amis, y furent admis et appartenaient à cette promotion qui en 1824 fut licenciée pour son mauvais esprit. Ce mauvais esprit, je le partageais pleinement. Je me rangeais parmi ce qu'on appelait sous la Restauration la jeunesse libérale. Certes, à ce moment, on ne nous aurait pas beaucoup distingués l'un de l'autre, P. Olivaint et moi ; et quinze ans avant lui j'étais ce qu'il fut quinze ans après moi. Puis vient pour lui une crise mentale que je n'éprouvai pas. Les ressemblances s'anéantissent ; et les dissemblances les plus tranchées apparaissent.

Pierre Olivaint s'engage sous la discipline de l'Eglise et devient fervent catholique. Moi je reste libre-penseur, et un peu plus tard je me soumets à la discipline de la philosophie positive, qui, mieux que toutes les négations métaphysiques, est le remplaçant des anciennes traditions théologiques.

« Après le tableau succinct de nos égalités de début entre P. Olivaint et moi, je me reprocherais de manquer à l'équité d'une impartiale appréciation, si je ne signalais la supériorité que lui donne le martyre subi sans faiblesse. Rien, dans une vie ordinaire, ne peut équivaloir à ces suprêmes épreuves, soit qu'on y périsse, soit qu'on y survive par quelque circonstance fortuite. Donc ceux à qui le sort les a épargnées doivent tenir une attitude modeste et céder le pas. Cela, dit et concédé, ne m'empêche aucunement d'examiner comment il se fit que, malgré le voisinage de nos esprits par maints côtés, je m'affermis par la philosophie positive dans la conception moderne dn monde, et lui, au contraire, fit retour aux croyances que le catholicisme enseigne concernant ce même

monde. C'est cette étude psychique qui m'a
attiré quand j'ai tenu en main la biographie
du P. Olivaint.

« Je n'ai pas besoin d'exposer mon cas; il
est pleinement connu, et j'en ai assez dit à
propos des *Réminiscences* de Mme Augustus
Craven et de Charles Greville, pour que mon
lecteur se fasse une idée nette de mes motifs.
Ce qu'il ignore davantage, ce sont les motifs
qui ont prévalu dans l'esprit du P. Olivaint
et l'ont conduit à une conclusion toute
contraire.

« Je ne puis exposer plus fidèlement l'état
de son âme que par les propres linéaments
qu'en trace son biographe; le représentant
comme malheureux en la négation des
croyances, mais incapable d'atteindre à
l'affirmation qu'elles procurent. Depuis longtemps la raillerie voltairienne avait expiré
sur ses lèvres (1); il lui fallait mieux qu'un

(1) Ce sentiment de répulsion pour la raillerie de Voltaire en ces matières n'est pas particulier à un homme
converti. Je trouve dans les papiers de mon père que lui
aussi avait été contristé et alarmé par les moqueries
du xviii° siècle, que, devenu père de famille, il s'était jugé
responsable de ses opinions théologiques à l'égard de ses

épicurisme dégradant ou qu'un scepticisme désespéré.

« En cet orage moral qui l'assaillait, Olivaint tentait toutes les voies sans trouver d'issue. Ce qu'il poursuivait avec passion lui échappait comme une ombre. Avant d'arriver à la paix que donne la foi, lui aussi, comme son contemporain Frédéric Ozanam, « connut toute l'horreur de ces doutes qui « rongent le cœur pendant le jour et qu'on « retrouve la nuit sur un chevet mouillé de « larmes. » Lui aussi il commença par frapper à la porte de toutes les écoles.

« Avec de telles dispositions intérieures il ne pouvait manquer de frapper à celle de l'école de Buchez. L'enseignement de la rue Chabanais fut pour lui ce qu'avait été pour Justin la doctrine de Platon, un acheminement vers la foi, une sorte de préparation évangélique. A peine initié à ce néo-catholicisme, qui, en somme, valait mieux que tout ce qu'il avait jusqu'alors connu, Olivaint

enfants, qu'il avait dès lors étudié à nouveau toute la question des croyances, mais que ce nouvel examen n'avait pu l'y ramener.

s'empressa de lui chercher des néophytes.
Un des professeurs les plus distingués de la
Faculté des lettres de Paris, son ancien camarade d'école, raconte comment le nouveau
disciple de Buchez, dans son ardeur de prosélytisme, s'efforçait de le gagner au prétendu christianisme prêché dans le cénacle
de la rue de Chabanais.

« A ce point, et c'est une juste observation
du biographe, il ne restait plus qu'à trouver
quelqu'un qui lui dît : « Venez, voilà le
« Christ ; voilà l'Eglise. » L'heureuse ren-
contre ne tarda pas. Elle se fit, non pas dans
la solitude, au bord de la mer, mais au milieu du bruit de la grande ville, dans la mêlée
confuse des systèmes philosophiques et des
utopies sociales, quand la prédication de
Lacordaire commença de frapper l'oreille
de P. Olivaint. Rien n'était mieux fait que
cette prédication pour ménager dans l'esprit
d'un tel auditeur la transition entre les
obscures et incomplètes doctrines du néo-
catholicisme de Buchez et l'immuable sym-
bole catholique. Aux premiers jours de sa
conversion, Lacordaire écrivait à un ami

« Je suis arrivé aux croyances catholiques
« par mes croyances sociales (1). » Et son
historien ajoute, en appréciant l'action qu'il
exerçait sur les jeunes gens par ses pre-
mières conférences : « C'est aussi par ce
« côté qu'il aimait à faire pénétrer la foi dans
« les intelligences (2). » Or il se trouvait que
P. Olivaint avait, par ce même côté, ouvert
son âme à la vérité, sans trop savoir ce
qu'elle était et qui la lui apporterait. Cette
societé universelle, que des novateurs avaient
inutilement rêvée, subsistait depuis dix-huit
siècles répandue par tout l'univers, ensei-
gnant tous les peuples avec une autorité
infaillible et les groupant autour d'un unique
chef comme une immense famille autour
d'un même père. C'était l'Eglise.

« Ainsi s'exprime le biographe. J'ai soin
de rapporter scrupuleusement ses paroles,
parce que les miennes, si je leur laissais la
place, représenteraient mal un état mental
que je n'ai pas éprouvé. Je continue donc

(1) *Vie du R. P. Lacordaire*, par M. FRILLET,
t. I, p. 330.
(2) *Ib.*, p. 340.

avec lui. Profonde fut l'émotion de P. Olivaint, quand il accueillit la vérité chrétienne qui se manifestait à lui sous la forme
brillante de l'éloquence de Lacordaire. L'illustre dominicain, citant le passage de
l'Evangile, *Paix sur la terre aux hommes
de bonne volonté,* s'écriait : « C'est cette
« parole qui explique comment tant d'hommes
« qui ne savent rien parviennent pourtant à
« la foi:... ils ont reconnu Dieu à la bonté
« plus qu'à la lumière, et la lumière, jalouse
« de leur cœur, s'y est précipitée avec
« l'amour. »

« Cela est le tableau des acheminements
vers la foi. Il ne serait pourtant pas complet,
si je n'ajoutais le dernier trait, qui, tout singulier qu'il nous paraît à nous autres libres-
penseurs, n'en mit pas moins fin aux hésita-
tions de P. Olivaint. Il demanda conseil au
P. de Ravignan, homme de grande autorité
dans l'Eglise. La première entrevue fut, de
la part du jeune visiteur, contrainte, embar-
rassée. La discussion qu'il prétendait entamer
pour s'instruire était aimablement acceptée
par l'éminent apologiste; mais une condi-

tion préalable était exigée. « Mon ami, disait
« l'austère religieux, confessez-vous d'abord,
« nous verrons ensuite. » Se confesser ! Olivaint ne l'avait pas fait depuis longtemps,
depuis sa première communion sans doute.
Pierre répliqua qu'il était loin, très loin d'en
être là, qu'il lui fallait y réfléchir et qu'il
n'avait plus qu'à se retirer.

« *Il pria une semaine entière* (1). Le
huitième jour, il retourna frapper à la cellule
de la rue du Regard; c'est là que demeurait

(1) Puisqu'il pria, c'est qu'il était touché profondément
par la foi. Une dame aussi éminente par les qualités du
cœur que par celles de l'esprit perdit un fils unique âgé
de dix-huit ans. J'avais été le camarade et l'ami de ce fils.
Sa douleur fut profonde. Elle reporta sur moi une partie
de ses sentiments maternels. Nous causions souvent des
plus graves sujets. Elevée catholiquement, elle avait peu
à peu quitté les dogmes du christianisme, mais était
restée attachée au spiritualisme. Ce qui lui avait montré,
me disait-elle, que la foi était éteinte en elle, c'est qu'elle
ne priait plus, même dans les grandes souffrances morales.
Ma mère, en 1811, pendant qu'une petite sœur à moi
mourait du croup, se mit à genoux et m'y fit mettre pour
demander à Dieu le salut de sa fille. En 1838, lors de la
cruelle maladie qui nous enleva mon frère, elle s'agenouilla
de nouveau; mais, cette fois, je ne priai pas à côté d'elle.
Pour prier, il faut croire au miracle, et je n'y croyais
plus. Il était resté à ma mère une certaine empreinte
de son éducation protestante.

4*

le P. Ravignan. Son parti, cette fois, était
bien pris ; toutes les objections avaient cédé
à ce raisonnement, pour lui sans réplique,
dont plus tard il faisait confidence à un
jeune avocat de ses amis : « Un homme
« digne de toute ma confiance me donne la
« confession comme un moyen sûr d'arriver
« à la vérité; si je veux sincèrement la
« vérité, je dois me confesser. » Il se con-
fessa en effet. L'homme fut à l'instant re-
tourné sous l'action puissante de la grâce,
à laquelle répondait l'énergie d'un caractère
tout d'une pièce, incapable de rien faire à
demi : idées, sentiments, habitudes, tout fut
transformé. « Pour ce qui regarde la foi,
« dira-t-il quelques mois après le conseil
« donné par le P. Ravignan, la spéculation
« qui se fait à genoux, les mains jointes, les
« yeux tournés vers le ciel, ou vers une
« pauvre croix de bois, sur laquelle le Christ
« est étendu, devient une abondante source
« de vérité où l'âme se rafraîchit avec dé-
« lices. Dieu cause avec l'homme dans la
« prière, et lui révèle souvent bien des
choses entre un *Pater* et un *Ave Maria.* »

« J'ai été une fois l'objet d'une tentative
de conversion où l'on commença par me
proposer, comme à P. Olivaint, un acte de
foi. Cela m'étonna. Depuis j'ai considéré que
les ecclésiastiques possèdent une grande
expérience des procédés qui, *suivant les
cas,* ont prise sur les âmes. L'exemple
de P. Olivaint en est une preuve écla-
tante. »

Ce coup d'œil contemplatif, si profond, sur
la vie d'un prêtre catholique, d'un membre de
la Société de Jésus, nous offre deux traits
dignes d'attention.

D'abord, un acte d'humilité vraiment évangélique. Le plus laborieux et le plus dévoué
des savants confesse la supériorité du martyre chrétien, et convie ses frères de la libre-
pensée à *tenir une attitude modeste et céder
le pas,* devant ceux qui meurent sans faiblesse
au service du prochain et de Dieu.

« Bienheureux les humbles, parce que le
royaume des cieux est à eux. »

En second lieu, M. Littré, blâmant Charles
Gréville d'avoir voulu, un instant, ébranler la
foi de Mme Augustus Craven, déclare que,

lui, n'a jamais cherché à troubler la paix des âmes religieuses.

« Cette paix, dit-il, est en effet un bien très précieux pour ceux qui le possèdent, très digne d'être respecté par les autres. Je le respecte attentivement, et j'ai toujours mis sur la conscience des lecteurs de mes écrits de philosophie positive l'impression qu'ils en ressentiraient, s'ils en ressentaient quelqu'une qui les agitât. Les orthodoxes, catholiques ou protestants, au contraire, ne craignent pas de chercher à intervenir dans la tranquillité de notre âme, à nous libres-penseurs. Ce seul trait montre que leur morale est différente de la nôtre. »

Littré estimait la morale positiviste supérieure, en ce point, à la morale chrétienne. Il ne remarquait point assez que sa tolérance, en effet très grande, avait le défaut de sortir de l'indifférence en matière de religion. Pour qui croit à Dieu et au royaume des cieux, l'indifférence n'existant pas, il est impossible d'avoir la paix de l'âme, avec cette pensée que l'on peut être à jamais séparé de ceux qu'on aime. C'est là une perspective intolérable.

Les Positivistes, qui ne croient qu'à l'humanité et à la vie terrestre, ne sont pas plus tolérants, sur leur domaine que nous sur le nôtre : ils interviennent fort bien dans la tranquillité de notre âme, puisqu'ils emploient très activement leur génie et leur zèle, durant leur courte vie, à *déconseiller les croyances théologiques au nom de leur ignorance de tout absolu.* C'est le propre aveu de leur maître (1).

M. Littré a voulu dire simplement que, lui, s'est toujours gardé d'être intolérant jusque-là de se rendre intolérable, et, tout particulièrement, qu'il avait considéré comme un devoir de respecter, mieux que l'ami de Mme Craven, « les convictions théologiques des dames. »

Or, ce bon exemple n'a pas cessé d'être suivi par les femmes chrétiennes qui entouraient son cœur.

Et de plus, des rayons de cette douce charité venaient de plus loin et du dehors sur lui. La charité n'est pas seulement tolérante ; elle est conquérante. Elle est le feu que le Christ est venu jeter sur la terre, dont l'effet miraculeux est de s'allumer dans les âmes

(1) Pour la dernière fois, p. 342.

sans en troubler la paix. Tel est l'embrase-
ment de l'esprit d'amour qui, sans blessure,
avec suavité, dévore et transfigure.

VI

LE CŒUR DE L'HOMME DE BONNE VOLONTÉ ENTRE DEUX FEUX

M. Littré n'était pas seulement tenté par
le courant de la Sociologie moderne et par
le contre-courant de l'ancienne Théologie ; il a
fait savoir au public qu'il était souvent tiraillé
entre deux feux très différents : le feu d'Elie
et le feu de saint Jean.

Le public des journaux n'entend guère,
depuis la fameuse sortie d'un rude évêque
gallican, que des coups de foudre tomber de
l'Horeb des cléricaux-lais sur le chef des
positivistes. Mais M. Littré commençait à
sentir le parfum de la prière qui montait,
pour lui, des sanctuaires monastiques, et
dont l'arome descendait sur son cœur du ciel
de l'Eglise, des cimes radieuses de Sion.

Le tendre et ferme philosophe a lui-même

résumé ses impressions entre ces deux courants d'électricité contraires.

« A côté des livres que je viens de feuil-
leter en fouillant quelques recoins de mon
âme, j'avais mis des lettres privées. Les
unes sont anonymes, les autres ne le sont
pas.

« Voici un passage d'une des anonymes :
« Si le catholicisme venait alors (il s'agit du
« temps de la prédication des apôtres et de
« la conversion du monde païen) évidem-
« ment de Dieu, il en vient aussi aujour-
« d'hui... Il n'a pas perdu sa divine origine.
« Or, puisque les livres saints sont remplis
« de menaces à l'adresse des impies et des
« incrédules qui se sont mille fois accom-
« plies dans les siècles passés, comme
« l'histoire l'atteste, ne devons-nous pas
« les redouter pour ceux de nos jours? Oui,
« nos impies périront tôt ou tard. Dieu se
« fera justice. »

« De telles objurgations, anonymes ou
non, me laissent froid. »

(Suit une petite riposte ironique et dédaigneuse, provoquée, méritée par la maladresse du scribe judaïsant.)

« D'autres lettres qu'on m'écrit trouvent auprès de moi un meilleur accueil. Ce sont celles où je sens qu'un cœur bienveillant et ami cherche mon cœur. J'ai un profond sentiment de pitié pour la part de misère inhérente à une vie dans laquelle nous sommes appelés sans le demander, et je pratique envers tous invariablement le précepte du poëte latin : *Homo sum, humani nihil a me alienum puto.* C'est dans cet esprit que je transcris ici quelques passages d'une lettre qui m'est adressée par un ecclésiastique. « Il est impossible, dit mon cor-
« respondant que d'ailleurs je n'ai aucune-
« ment provoqué et qui est touché de quel-
« ques-unes de mes dispositions, que vous
« n'ayez pas du moins un commencement
« de foi ; impossible, sentant ainsi les be-
« soins et les maux des hommes, mettant
« au-dessus de tout la bonté, en face d'un
« mal qui soulève toutes les questions et
« fait songer à tous les problèmes, que la

« prière ne soit pas venue souvent en votre
« cœur. Je crois sentir qu'elle y est, dis-
« crète, profonde. Oh! qu'elle soit seule-
« ment plus confiante, croyant davantage
« en la bonté de Dieu!... Peut-être me
« trouverez-vous indiscret. J'ai pensé qu'on
« ne l'était pas, quand on ne demandait
« rien pour soi-même, quand on exprimait
« seulement l'ardent désir de son âme ; et
« ce désir, je l'ai conçu pour la vôtre. On
« vient souvent vous demander l'aumône
« d'argent ou de science. Aujourd'hui je
« suis venu vous supplier, au nom d'une
« affection que je ne m'explique même pas,
« mais réelle, de ne pas vous oublier vous-
« même. »

« Certes, à la sympathie et à l'onction, je
n'irai pas répondre par des arguments de
sèche controverse. Il me vient parfois du
fond de l'Amérique ou de l'Asie des lettres
où des hommes que je ne connais pas
m'expriment des sentiments affectueux
pour ma personne, reconnaissants pour
mes travaux ; j'ai témoigné dans mes ré-
ponses que ces amitiés si lointaines avaient,

5

par leur éloignement même, quelque chose qui ne me laissait pas indifférent (1). Le pays de la foi n'est pas moins loin de moi dans le monde intellectuel et moral ; et, bien que je n'aie pas les émotions qu'on me suppose, *ce n'est pas sans attendrissement que j'en reçois des paroles telles que celles que j'ai transcrites.* »

Recueillez-vous, chers lecteurs, sans parti pris, sans amertume, dans la sincérité du libre examen et du libre jugement, et vous reconnaîtrez que, dès ce temps-là, une rosée du ciel théologique avait rafraîchi votre ciel scientifique ; un souffle cordial de l'Eglise mère avait pénétré la belle âme du savant.

Le cœur bienveillant et ami qui cherchait le cœur de Littré a eu le généreux désir de m'employer moi-même à sa bonne œuvre ;

_____

(1) En écrivant ainsi à mes correspondants, j'eus certainement une réminiscence inconsciente de Béranger disant de ses chansons chantées dans l'Ile-de-France :

« De tant d'échos résonnant jusqu'à nous,
Les plus lointains nous semblent les plus doux. »

Le père de Littré a vécu dans mon île lointaine.

D. L.

mais j'y ai mal concouru, ayant, avec beaucoup de foi, peu de piété.

Au mois de juillet, au moment de quitter Paris, faisant ma visite d'adieu au clergé de ma paroisse (Saint-Augustin), l'un de nos vicaires me mit sous les yeux plusieurs articles de M. Littré et m'engagea à lire le *Moyen Age et les Barbares.* « Il se fait, me dit-il, un grand travail dans cette grande âme. Dans le monde scientifique, on ne connaît pas bien la qualité maîtresse de M. Littré : *c'est la tendresse.* C'est par là que le ciel aura accès dans ce cœur d'élite. »

Décidément, « les ecclésiastiques possèdent une grande expérience des procédés qui, suivant les cas, ont prise sur les âmes. » C'est parole de M. Littré. Le libre-penseur aurait probablement reculé, étonné et choqué, devant le bras raide du P. Ravignan ; il s'arrêta surpris et se laissa prendre à la main par la bonne grâce filiale de M. Huvelin.

Ce jeune prêtre est l'envoyé de Dieu qui, d'un seul mot, avait touché l'âme naturellement chrétienne, « jusqu'à l'attendrissement. » Il ne me l'a jamais dit, et je ne le lui ai jamais demandé ; mais j'en suis sûr : c'est bien lui.

Croyant, dans son humilité, avoir besoin

d'assistance pour son apostolat, M. Huvelin
m'engagea à écrire à M. Littré. Je revins lui
lire un projet d'épître. « Il y a de bonnes idées,
dit-il ; mais revoyez cela, éliminez, resserrez ;
ne conservez que l'essentiel. Parlez au cœur,
en peu de mots. »

J'emportai mon brouillon à Saint-Honoré-
les-Bains, puis à Saint-Honorat, aux îles de
Lérins, où j'avais pour compagnie, sous un
ciel paradisique, la femme à qui je dois, sinon
le baptême, le renouvellement de mes vœux
de chrétien ; et là, je suivis si mal les conseils
de mes bons guides, que ma lettre indéfini-
ment prolongée en volume, terminée le jour
de la Saint-Jean, livrée à l'imprimerie de
Saint-Paul qui surabondait d'ouvrage, n'a
paru, dans sa première partie, qu'à la fête de
saint Jean-Porte-Latine. M. Littré n'a donc
rien lu de mon écrit.

Je lui avais annoncé mon *appel,* au 1er janvier, et j'en mettais le plan sous ses yeux.

Le beau-frère de M. Littré, le docteur Charles Pellarin, mon condisciple éminent et mon
ami excellent, m'écrivit que le patriarche me
remerciait et qu'il avait été touché par l'expression de ma sympathie.

C'est donc ainsi que, l'an dernier, saint

Augustin, le plus illustre des savants convertis dans l'Eglise primitive, avait envoyé un bon ange et un serviteur de sa maison pour faire appel à l'âme du plus célèbre des savants naturalistes de nos derniers temps. Il suffisait d'un seul; et les anges vont plus vite que les marguilliers.

Tous deux se sont approchés avec respect de la couche où reposait l'âme endormie par le naturalisme moderne. Le sommeil du juste, comme celui du Christ et de ses amis, ne va pas à la mort. Notre frère dormait; mais il allait se réveiller (1).

Nous étions deux courant avec la même foi; mais l'amour a l'aile plus rapide. Le disciple que Jésus aimait courut devant plus vite, et arriva le premier; et il vit la résurrection (2).

Oui, M. Huvelin a fait, ici, l'office de saint Jean, qui, dans l'Eglise catholique, est par excellence le *Théologien,* parce qu'il est, avant tout, l'apôtre de l'amour.

Il n'y a donc pas eu, dans ce drame funé-

(1) *Infirmitas hæc non ad mortem, sed pro gloria Dei.* Saint Jean, xi.

(2) *Currebant duo simul, et ille alius discipulus quem amabat Jesus præcucurrit citius, et venit primus, et vidit.* Joan., xx.

raire, d'autre voleur de cadavre que le ravis-
seur divin, qui nous a prévenus des surprises
que nous réserve la Bonté infinie : *Ecce venio
sicut fur* (1). Le ravissement au ciel d'une
grande âme, voilà tout le mystère. Dans ce
monde de la désolation qui ne croit plus
qu'aux coups d'Etat abominables, c'est un
coup du ciel consolateur !

Vous en verrez bien d'autres !

Cette résurrection n'est pas uniquement
pour la gloire de Dieu et pour la glorification
de Littré ; elle n'aura pas seulement pour
effet d'exercer une attraction sur les disciples
qui l'aimaient tant et qui voudront le suivre :
elle a pour but, dans les desseins de Dieu,
l'édification de quelques pseudo-chrétiens, qui
sont moins au dedans qu'au dehors de l'Eglise,
dont ils retardent le triomphe par leur ignorance des voies évangéliques.

« Mieux vaut un sage ennemi ! »

Que d'imperfections encore font obstacle
aux conversions ! Combien d'entre nous res-
semblent au frère aîné de l'Enfant prodigue,
esprits rébarbatifs qui effarouchent les agneaux
égarés !

(1) Saint Jean, Apoc., XVI, 15.

Prenons tous leçon dans cette histoire
sainte si récente, dont j'ai fait une petite
légende, en attendant que les témoins du fait
nous en donnent un récit exact et circons-
tancié.

Autour de ce puissant adversaire de la
Religion positive, qui avait annoncé, avec
tant de calme rigueur, sa volonté de mourir
hors du sein de l'Eglise, aucun cœur étroit,
aucune âme mesquine et pas l'ombre d'un
fanatique. Le dernier des Jacobins ecclésiastiques était mort, fort heureusement, car ce
pitoyable esprit judaïsant, ayant voulu faire
descendre l'anathème foudroyant sur l'Aca-
démicien, n'aurait plus osé entrer dans la
maison où Lazare dormait dans l'attente de
la résurrection. Nous savons des cléricaux-
lais, au demeurant les meilleures gens du
monde, qui sont capables d'interpréter comme
Juifs imparfaits le mot de saint Jean : « Si
quelqu'un nie l'incarnation, ne lui dites point
ave. » Voit-on que le Saint-Père refuse le salut
et le bon accueil à tant de Juifs, de Turcs et
de libres-penseurs qui viennent à son au-
dience ?

M. Huvelin, instruit à Rome, à l'ombre de
saint Pierre, a le sens du Christ, *sensum*

Christi; et les trois saintes femmes qui soignaient l'illustre malade, ont au cœur, avec les affections ardentes, les délicatesses suaves de l'éternelle Maternité. Tous, durant leur pieuse veillée, étaient pénétrés de ce commandement du Sauveur : « Soyez parfaits, comme votre Père céleste est parfait. » Aussi, ce qu'ils ont demandé au nom du Seigneur tout-puissant, le salut et la consolation, ils l'ont obtenu.

Messieurs, n'en doutez pas : c'est ici le renouvellement des miracles de la Charité évangélique. Vous avez vu les sœurs de Lazare, priant et pleurant; et le ministre de Dieu pleurant comme elles et priant avec elles. Vous avez vu les *Trois Maries* au Calvaire, recevant, pour prix de leur amour dévoué, la salutation de Celui qui est la Résurrection et la Vie : *Avete !*

Que vous ayez été blessés par l'intolérance brutale des Pharisiens superbes, c'est naturel et c'est légitime : mais que votre plainte persiste devant les procédés si doux des humbles évangélistes, c'est contre nature, et ce n'est pas conforme au droit de la libre-pensée.

Nous en appelons de votre raison prévenue

à votre cœur juste et aimant. Les hommes de bonne volonté ne peuvent pas se cloîtrer dans leurs préventions, quand c'est l'Amour lui-même qui frappe à la porte de leur cœur, disant : Ouvre-moi ; reviens à moi, mon bien-aimé ; viens recevoir ta couronne de gloire. *Aperi mihi ; revertere ! Veni, coronaberis !*

Pouvez-vous, chers Messieurs, en vouloir aux saintes femmes et au disciple bien-aimé, parce qu'ils vous promettent que vous reverrez votre maître vénéré, votre père chéri ; parce qu'ils vous donnent la vision de vos belles études et de vos affectueuses agapes prolongées dans d'autres mondes et durant la vie éternelle ?

VII

PRÉLUDE A L'UNIVERSEL CONCERT

Les politiques vulgaires de l'Ancien Régime, de l'Empire et du Jacobinisme républicain, tous, nous divisent tous, pour ne nous mener qu'à la dissolution et à la mort (1) ; et la

(1) « La politique nous divise, et ne résoudra rien ; le cœur du Christ nous unit tous, pour tout sauver. » Mgr l'Archevêque de Paris.

démi-science des Ecoles simplistes et exclusives empêche la croissance de l'arbre de l'Unité universelle.

Mes chers Messieurs, permettons que la Charité nous unisse pour nous vivifier, sur le terrain de la Science impartiale et intégrale.

Trop de gens cherchent les dissonnances jusqu'au discord et aux guerres sempiternelles : cherchons et trouvons ensemble les accords, pour l'unanime concert de la paix harmonieuse.

Pourquoi persisterions-nous à nous heurter sur une tombe sacrée, sous le regard attristé d'un maître commun, d'un père commun?

Vous êtes les fils de Littré dans la science : nous aussi. Ensemble nous avons autant de respect pour son œuvre féconde que pour son caractère bienfaisant.

Certes, qu'elle qu'ait été la portée de ce vaste esprit, vous ne lui attribuez pas l'infaillibilité. Et, quel que soit votre dévouement filial, vous n'entendez pas être les fils de ses faiblesses et de ses erreurs, les héritiers de ses imperfections et de ses lacunes. Quel génie peut prétendre à l'omniscience? Votre soleil est-il sans tache?

Tout ce que Littré a étudié, il l'a su ; et sur

tout le domaine des sciences naturelles, il nous a tous édifiés, vous et nous.

Il a pu ne pas tout savoir sur la question religieuse, faute d'une étude approfondie. Il a dû ignorer bien des choses du côté de l'Age théologique, qu'il considérait comme un phénomène éteint, et sur le ciel, qu'il déclarait, par a priori, *incogniscible*. On ne poursuit pas son chemin, quand on suppose qu'il ne mène à rien.

Mon ancien maître, Charles Fourier, reprit un jour l'un de ses disciples qui se permettait de parler légèrement du Catholicisme : « Ne jugez pas, dit-il, sans bien connaître. Il y a dans l'Eglise de grandes choses, que je n'ai pas eu le temps d'étudier. »

Lorsque, dans ses dernières années, le chef de l'Ecole sociétaire voulut faire acte de ralliement de sa bonne nature à la Révélation biblique, faute d'une étude suffisante, il tomba dans une erreur et se fit mettre à l'*Index* (1).

Littré, ayant plus de science acquise, même sur le terrain théologique, a évité la chute, et il a mérité la reconnaissance de l'Eglise.

Chose digne d'attention, Messieurs, lorsque

_____

(1) Voir *Lettre à M. Littré*, t. I, p. 167.

le chef de votre Ecole a sérieusement appliqué sa forte pensée au libre examen de l'histoire ecclésiastique, il a conclu à l'éloge motivé de la Papauté et des Ordres monastiques ; et, dépassant l'apologie des écrivains chrétiens et catholiques, rectifiant la thèse de Guizot et de Chateaubriand, il a affirmé et démontré qu'à la suite de l'invasion des Barbares, l'af-flux de l'esprit germanique avait été, non pas un secours utile, mais un obstacle à la grande œuvre civilisatrice de l'Eglise catholique (1).

Il y a dans cet acte éclatant deux choses :

La noble impartialité d'un cœur droit,

La manifestation de la vérité dans un esprit juste.

Et ce fait nous autorise à croire que si Littré avait eu le temps de consacrer autant d'étude et de réflexion aux autres aspects du ciel théologique, il aurait produit des conclusions également favorables sur le Dogme, la Morale et le Culte de l'Eglise catholique.

N'est-ce pas un autre fait remarquable, surprenant pour plusieurs, édifiant pour tous, que l'éloge des fils de saint Ignace fait publiquement, à l'heure précise où la foule aveugle

(1) *Le Moyen Age et les Barbares.*

suit des chefs myopes à l'assaut de la Compagnie de Jésus ? Quel courage dans l'homme de cœur, et quel discernement dans l'homme de science ! Loyola peut dire à M. Paul Bert et à toute la séquelle de Blaise Pascal le mot du Seigneur à Moïse : *Posteriora mea vidisti,* le mot de Molière à M. Fleurant : « Vous avez regardé ailleurs qu'au visage » ; et ce n'est point là, que je sache, le siège de la beauté. M. Littré a eu le bon esprit de considérer les Jésuites dans leur ensemble, et il s'est arrêté devant leur visage, *facie ad faciem,* pour saluer leur gloire. L'hommage touchant qu'il a rendu aux Pères Ravignan, Olivaint et Millério prouve son goût pour les fruits moraux de l'arbre évangélique.

Enfin, qui peut croire que la grande tradition dogmatique judéo-chrétienne n'ait pas été présente à son esprit, lorsqu'il a recommandé à son Ecole le respect du Déisme, du Monothéisme même, professé par Stuart Mill ?

Ces actes et ces paroles de M. Littré sont assurément, comme a dit M. Antonin Rondelet, « pour quiconque connaît la logique d'une âme énergique et sincère, *une profession de foi anticipée* (1). »

(1) *Revue du Monde catholique*, 31 juillet 1881 ; *Philosophie positive*, février 1880.

Les professions de foi de notre âge, en général, ne concluent pas aux croyances de l'âge théologique judéo-chrétien : les unes s'évanouissent dans le Panthéisme; les autres s'encroûtent dans le Matérialisme. « C'est, dit M. Paul Bert (et l'on sait sur une pareille lèvre ce que parler veut dire), c'est la grandeur et la force des sciences physiques et chimiques d'enseigner la non-crédulité. » *Crédulité* et *croyance* ne sont pas même chose, dans le *Dictionnaire* du Maître. Tous les plus grands génies de l'Humanité ont cru à l'existence de Dieu ; et encore à cette heure, Darwin, Wallace et Stuart Mill professent leur foi réfléchie; conforme à l'attraction universelle du genre humain. Qui serait assez osé pour traiter de crédules et de superstitieux de tels savants?

« Il y a, dit Hugh Doherty, autre savant beaucoup plus universel que M. Paul Bert, il y a deux espèces de foi : la foi religieuse et la foi philosophique. La première croit intuitivement à l'existence du monde invisible, dit surnaturel; la seconde croit à l'existence de l'univers visible, dit naturel. Ces deux espèces de foi sont rarement d'accord dans les ténèbres ; elles seront d'accord plus tard dans la lumière. »

La recherche de l'accord est la force et la grandeur de la vraie science, dans notre époque laborieuse. De même que les instruments d'un orchestre préludent par une confuse cacophonie, avant de se mettre d'accord pour notre enchantement; ainsi tous les organes de la famille scientifique discordent pour se préparer au concert final, et ceux mêmes qui font écart du ton avec le plus d'aigreur en viendront bientôt à jouer leur rôle consonnant dans l'harmonie universelle.

C'est l'honneur d'Auguste Comte et de Littré d'avoir cherché l'accord, de l'avoir produit, en résolvant quelques-unes des aigres dissonnances de Luther et de Voltaire.

Les diverses Ecoles philosophiques du XIXᵉ siècle, en quête du progrès indéfini et de l'unité universelle, ont mis en pratique ce mot d'un libre-penseur très spirituel, Charles de Rémusat :

Douter du doute, analyser l'analyse.

Ce travail de révision, appliqué à l'histoire avec tant de généreuse fécondité par votre Maître, a été par lui accompli sur l'ensemble de la question religieuse dans la dernière année de sa vie, — non point devant le public et pas même devant son Ecole, mais en face

de sa conscience. Il y a eu, chez lui, intuition
de l'accord, vision de l'harmonie.

Vous savez qu'il ne faisait pas grande
estime des œuvres du Scepticisme et du Rationalisme, et qu'il reprochait à la Déesse
Raison révolutionnaire de n'avoir point réalisé ses bruyantes promesses, noyées dans le
sang du prochain. Il espérait mieux assurément du Scientifisme positif ; mais il confes-
sait que sa famille n'en était encore qu'à
couver l'œuf sociologique. « En attendant
l'éclosion, disait-il, en somme, il n'y a que
l'Eglise qui fasse quelque chose. »

C'est avouer que, depuis le xve siècle, la vie
morale s'est prolongée dans la société ecclésiastique plus qu'elle ne s'est développée dans
le monde laïque. On connaît l'arbre social à
ses fruits de charité positive.

VIII

RETOUR DES ENFANTS PRODIGUES

CONSOLATION DES JUSTES

Ceux d'entre vous, Messieurs, que leurs études ont moins appliqués à la considération des services rendus à la société par le catholicisme, et qui, dans l'attente d'un nouveau monde, se soucient peu du pansement charitable qu'exigent les plaies du vieux monde, ceux-là ont peine à comprendre comment un savant positiviste, le plus haut placé dans votre estime, un libre penseur hors ligne, a pu, sans ruine subite de sa raison, arriver au baptistère chrétien, ou, sans piège dressé, tomber dans l'abîme du passé-théologique.

J'atteste la possibilité de ces brusques conversions, puisque j'en suis un exemple. Et combien d'autres témoins de ces transformations religieuses, dans notre siècle d'évolutions rapides et surprenantes ! L'Art, qui est l'expression de la société, nous en fournit des figures éclatantes. Goëthe, dont le dernier soupir est un appel à la lumière progressive, infinie, nous a légué, dans son testament poétique, *la réconciliation de Faust;* et il fait emporter dans le sein de Dieu le DOCTEUR DE LA NATURE, sur les bras des saintes femmes et sur les ailes des grands disciples de saint Jean. Manzoni nous montre l'*Innominato* transfiguré, comme le bon Larron, par une heure d'entretien avec un saint évêque. Mérimée et Zorilla convertissent *don Juan* par l'amour d'une femme et la prière des moines dominicains. Et moi-même j'ai passé cinq années de ma vie à souffler amoureusement l'esprit de saint François sur un *don Juan converti.* Et telle est ma foi dans l'efficace de la charité, que j'ai employé trois autres années de travail sur l'âme d'un *Alceste consolé,* consolé par de saintes femmes, à l'ombre de la crosse de saint Benoît.

Oui, les Enfants prodigues, comme vous et moi, peuvent évoluer vite, au point de se métamorphoser en pénitents et en justes; et les justes, comme Littré, Victor Considérant et leurs meilleurs frères, peuvent, en toute liberté, se transfigurer en saints et avoir la vision du ciel habité; ils peuvent monter avec les anges sur l'échelle de Jacob, au haut de laquelle les attend le Dieu de la charité et de la science. Il suffit d'un accident, d'un agneau immolé et de son bêlement plaintif, d'un oiseau qui plane en chantant, pour remuer l'âme d'un libre-penseur et lui faire lever les yeux et lui ouvrir les ailes à l'air pur des cieux cléments.

Nous vivons dans un siècle de lumière, qui veut projeter une clarté plus abondante et plus vive sur tout, pour tout voir et avoir, pour tout comprendre et tout posséder, même l'incogniscible d'hier et jusqu'au Dieu inconnu.

Faust, don Juan et Alceste sont devenus légion, pour devenir phalanges célestes.

Les rationalistes libres-penseurs, devenus schismatiques jusqu'à évoquer l'Esprit de la Terre, veulent avoir le libre essor du génie pour tout étudier, pénétrer, embrasser, afin de participer à l'omniscience de Dieu. Or, ce n'est pas le faux savant, le Philistin Wagner, qui leur trouvera le secret de la création et de la destinée au fond de ses cornues, dans sa fabrique d' *Homoncules;* et ce n'est pas davantage l'Empereur germain, flanqué de son Grand Chancelier, et du divin Plutus soutenu par ses trois agents, le tueur, le pillard et le conservateur (1).

(1) Voir le *Second Faust*, et II Rois, xxiii, 8,

Les sensualistes, devenus libertins, impies, ennemis de la foi, veulent pouvoir croire à Dieu de la même manière qu'ils croient « que deux et deux sont quatre et quatre et quatre sont huit. » C'est vouloir l'évidence, qu'inspire la bonne nature et qu'explique la vraie science. Assurément la clarté céleste n'apparaîtra point à nos dons Juans, sur le front du docteur Sganarelle, dévot superstitieux et moraliste hypocrite, l'ennemi d'Aristote, de sa docte cabale et de toute la Philosophie.

Les amis de la justice, les socialistes, mal-contents des choses jusqu'à en devenir misan-thropes, veulent qu'on les force à aimer les hommes, en leur permettant de haïr le monde ; et ils demandent à grands cris

« A sortir de ce monde où triomphent les vices....
De ce bois, de gouffre et de ce coupe-gorge. »

Or, la consolation ne leur viendra point des politiciens de la Cour et de la Ville, piteux cultivateurs de la géhenne sociale et cour-tisans de l'homme animal, nos Philintes par-lementaires, dont votre condisciple Emile Zola vient de flétrir si éloquemment le tapage vide, l'orgueil bouffi et le ventre dévorant (1).

(1) *Figaro*, 8 août 1881.

Philinte, l'ami du genre humain dégradé, veut nous retenir dans la compagnie des gens du monde,

« Hommes d'Etat vautours, affamés de carnage,
Ou singes malfaisants, ou bien loups pleins de rage. »

Le juste Alceste, plutôt que de vivre dans la société des pourceaux d'Epicure, sous la garde des chiens de cour et de basse-cour,

« Veut fuir dans un désert l'approche des humains. »

Quel désert ? Est-ce celui de Port-Royal ?

Quel est donc, parmi les prétendus puritains qui invoquent Pascal et ses *Provinciales*, celui qui consentirait à aller vivre, en province, de la vie des *Solitaires* de Port-Royal ? Est-ce M. Ferry, M. Bert, M. Spuller ? Est-ce votre nouveau condisciple Gambetta ?

Mais *ces Messieurs* du xviie siècle étaient des ascètes, des religieux de robe courte, affiliés à la Congrégation réformée des Bernardins, et tel était le mépris des Jansénistes pour la Nature, qu'ils ont détourné Pascal de l'étude des sciences et éteint ce grand génie dans leurs petits marécages.

Mais Pascal, Arnaud, Singlin, Nicole, étaient tous ennemis de l'Université de l'Etat autant que Littré.

Mais la morale de Port-Royal, c'est le découragement, le désespoir de la vie naturelle.

Mais si la Congrégation bernardine de Port-
Royal avait survécu, elle aurait été, l'an
dernier, crochetée et exterminée avec tous les
autres rameaux de l'Ordre de Saint-Benoît et
de Saint-Bernard.

Quel esprit droit peut attendre le salut
social de politiciens pataugeant dans un pareil
chaos ? Quel cœur juste peut espérer la consolation de l'iniquité ?

Qui peut supposer qu'une nouvelle Eglise
gallicane dominatrice, greffée du verjus d'un
jansénisme farouche, viendrait à bout de Faust
et de don Juan ? Qui peut croire qu'Alceste
revivrait consolé dans ce vieux monde animal,
imprégné d'ennui morose ?

Non, non ! Il faut au moins que, dans la
solitude et le recueillement, les grandes âmes
retrouvent ce que le poète La Fontaine leur
conseille de chercher :

La science de l'homme, l'image origi-
nelle d'Adam.

« Mes frères, dit le Saint, laissez l'eau reposer,
Vous verrez alors votre image. » (1)

(1) Testament de La Fontaine, l. XII, 22.

L'eau pure, limpide et reposée, ce n'est point
le Monde : c'est la nature, la bonne Nature.

L'image, ce n'est point celle d'aucun César
chef d'Etat : c'est celle du Nouvel Adam, à la
ressemblance de Dieu.

Cherchez-la, et vous la trouverez.

IX

AUX GRANDS MAUX;URGENTS
LES GRANDS ET PROMPTS REMÈDES

Toute l'Humanité est dans l'attente d'un
nouveau monde, d'un ciel plus clément et
d'une terre plus heureuse, « dans lesquels la
justice habitera », selon la prophétie des poètes
hébreux renouvelée par saint Pierre et saint
Jean, soigneusement entretenue par les papes
et par les moines (1).

Et tous les libres-penseurs, d'accord avec
Joseph de Maistre et Chateaubriand, crient
aux peuples, qui ouvrent leur oreille grande :
« L'âge d'or est devant vous ! »

Herbert Spencer, comme un bon esprit lui

(1) Isaïe, LXV, 11; saint Pierre, III; saint Jean, Apoc.,
XXI.

en fait reproche, ne veut progresser qu'à petits pas, « par évolution insensible et très lente, trop lente », vers le jour de la délivrance.

Auguste Comte et Littré ont animé leur école d'une espérance plus ardente.

Les masses, plus impatientes du mal dont le poids est sur elles plus pesant, sourient à l'*écart absolu* du sociologiste le plus hardi, Charles Fourier (1).

Au milieu de cette agitation des intelligences, de cette exaltation des cœurs, de cet élan des forces, que faire, où s'adresser, pour trouver un lien qui rapproche les esprits et les combine en bon ordre de bataille, pour la victoire et le triomphe?

Pourquoi ne demanderions-nous pas l'union qui fait la force, à l'unité catholique?

M. Havet lui-même, bien plus hostile à l'Eglise que M. Littré, concède, avec beaucoup d'éloges, que l'humanité doit au christianisme les grands biens que voici :

« Revanche des opprimés;

Formation d'une société spirituelle et d'une

(1) Ludovic Carroau, *Revue des Deux Mondes*, avril 1880.

autorité spirituelle protégeant les siens
contre la loi brutale du dehors;

Union dans une charité active;

Respect de l'homme, même dans l'esclave;

Respect de la femme et de son honneur;

Croyances religieuses moralement pures
et sévères (1). »

M. Havet, d'autre part, attribue au christianisme une série de maux qui peuvent être
ramenés à ces deux chefs :

Intolérance religieuse,

Obstacle au progrès.

Et à cet égard, il tombe dans une confusion
qu'évite votre Maître, autant que M. Havet
érudit, et plus que lui mesuré. M. Littré se
garde bien de mettre au compte du christianisme et de son Eglise entière les défaillances
qui, selon lui, ne se seraient produites que
depuis le quinzième siècle. L'éminent historien fait, dans les termes du plus grand respect, la déclaration que voici :

« La morale du moyen âge est le fonde-
ment inattaquable de la morale qui doit
prévaloir... La morale théologique, dans

_____

(1) *Le Christianisme et ses origines*, t. III, 478.

6

l'âge catholique, a formé les saints, les
pieuses femmes, le vrai mariage (1). »

Or, votre Maître reconnaît que la morale
était « absolument inhérente à la théologie. »

Donc, la théologie, même sous la verge de
fer théocratique du moyen âge, n'allait à
imposer d'autre morale que celle qui doit prévaloir sous la houlette d'or, dans le Plein Age
de la Justice.

A cet égard, le rationaliste Renan parle
comme le positiviste Littré.

Ainsi, au point de vue moral et conséquemment politique, la politique n'étant que l'application de l'éthique à la vie sociale, le
Christianisme nous a donné, depuis des
siècles, ce que M. Littré a dû, depuis trente
ans, au Positivisme, qui n'a pas soixante ans,
« un idéal de vertu et de sainteté, la soif du
meilleur et le souci de l'humanité (2). »

La critique de votre Maître est plus saine,
en général, que celle des rationalistes, et,
quand elle aventure un reproche contre l'E-
glise, elle a pénétré plus à fond, elle touche et
soulève des doutes plus sérieux, des problèmes

(1) *Application de la Philosophie positive*, p. 103, 283.
(2) *Pour la dernière fois*, p. 342.

importants. M. Littré résume ainsi son jugement sur le passé et l'avenir :

« La morale antique était essentiellement individuelle ;

« La morale chrétienne essentiellement domestique ;

« La morale positiviste est essentiellement sociale (1). »

Fichte avait observé quelque chose d'analogue sur l'insuffisance apparente signalée par le chef des positivistes. « Le Christianisme, disait-il, jusqu'ici, n'a agi que sur les individus et indirectement sur la société par leur intermédiaire. »

Mais le philosophe allemand ajoutait : « Celui qui a pu apprécier cette action intime, soit comme croyant, soit comme penseur indépendant, doit admettre qu'un jour elle deviendra la force interne et organisatrice de l'ordre social, et alors elle se révèlera au monde dans toute la profondeur de ses conceptions et toute la richesse de ses bénédictions. Le Christianisme porte encore en lui une puis-

(1) *Pour la dernière fois*, p. 342.

sance de rénovation qu'on ne soupçonne
point (1). »

J'essaierai de montrer aux positivistes, dans
une autre épître, comment saint Grégoire le
Grand et saint Bernard donnent quelque
raison à la réserve de M. Littré, tout en justi-
fiant la prévision confiante de Fichte. Les
grands docteurs de l'Eglise expliquent, en
effet, que, dans l'évolution progressive de
l'Humanité, « la résurrection individuelle des
âmes doit précéder la résurrection générale
du corps social. »

Nous en sommes à la résurrection sociale
universelle. Sur quelle base nous rassembler,
pour la voir accomplir ? Dans quel foyer cordial nous recueillir ? Sous quel chef marcher
au bon combat ? Qui prendra la tête de l'Humanité en marche assurément, mais troublée
dans son progrès par une rechute de l'altruisme
humanitaire dans l'égoïsme national ? Qui lui
montrera l'issue ? Qui lui donnera l'impulsion
et la direction, dans une voie plus sûre et
plus droite, et l'élan plus prompt vers un
épanouissement plus heureux ?

(1) J'emprunte ce trait de Fichte à un remarquable
article de M. d'Orcet sur le *Dissesto sociale* du marquis
de Castinia. *Revue Britannique*, juillet 1881.

X

A QUI IRIONS-NOUS?

A LA THÉOCRATIE? ELLE EST MORTE
AU LAÏCISME SCHISMATIQUE? IL MÈNE A LA MORT

C'est pour voir l'Humanité échapper à la
Théocratie que M. Littré encourageait « l'empiètement du *Laïcisme*. »

Quel laïcisme?

« La laïcité (selon votre Maître très libéral),
c'est l'Etat neutre entre les religions, tolérant
pour tous les cultes et forçant l'Eglise à lui
obéir en ce point capital (1). »

Quel est l'Etat qui a jamais entendu les
choses ainsi? Quel est le prince laïque qui ait
aimé et servi la liberté pour tous?

Est-ce le saint Empire romain, avec ses
princes franconiens et autrichiens?

Tout leur duel séculaire a eu pour but de
mettre le christianisme sous leurs reins et
d'absorber l'Eglise du moyen âge. L'Empire
a échoué; et l'homme animal germanique a

(1) *Pour la dernière fois*, p. 334.

été lui-même pris à l'hameçon et amariné à la barque de Pierre.

Est-ce la royauté aristocratique de France? — Elle a fait décréter par son clergé national son indépendance, « avec une certaine prédo-minence », comme a dit Bossuet. Dieu a laissé passer sur la royauté gallicane la Révolution, afin de délivrer son Eglise.

Est-ce l'empire des Napoléons, des czars de Russie et du César prussien? — Tous ces monstres de la mer des nations ont l'idée fixe d'exploiter la religion au profit de l'autocratie. — Et la Révolution ne cessera point d'abattre toutes ces têtes superbes du Césarisme. « C'est écrit : « Je ne l'épargnerai point ! »

Est-ce enfin la République bourgeoise? — M. Littré lui-même a été obligé de protester contre l'intolérance jacobine de nos démocrates. Nous les entendons tous proclamer, comme une nécessité prochaine, la séparation de l'E-glise et de l'Etat; mais pas un seul ne nous promet même plus le beau leurre de Cavour : « L'Eglise libre dans l'Etat libre. » — C'est pourquoi la Révolution plébéienne, poursui-vant l'exécution des Décrets éternels, va frapper de son impitoyable queue la bâtisse de la Révolution bourgeoise. *Non parcam !*

Faut-il donc, nos chers frères, pour vous délivrer de la verge de fer de la théocratie du moyen âge, qui est terminé, de l'autorité catholique, qui est absolument désarmée, faut-il nous jeter dans les bras et les poignes des chanceliers de fer et des légistes de bronze ? N'est-il pas évident que tous les Césars et Césariots modernes rêvent de substituer à la Théocratie chrétienne leur propre *Théocratie laïque*, sans Dieu ?...

Que pouvons-nous gagner au change ?

Voici un double phénomène d'évolution digne de votre libre examen :

C'est lorsque la Papauté était toute-puissante, lorsque le théocrate Grégoire VII forçait, sous sa verge de fer, le Béhémoth germain au pèlerinage de Canossa ; c'est alors, de l'aveu de Littré, que l'Eglise évangélisait la morale parfaite.

Et, c'est depuis Philippe-le-Bel, depuis l'empiètement du laïcisme royal et impérial sur l'Eglise, depuis que le soleil papal, obscurci, n'a plus donné que rayons offusqués et lumière appauvrie, c'est depuis lors que la morale et la politique du Sinaï et du Calvaire ont été supplantées par la politique et la morale de l'Olympe et du Capitole.

Que la *République française* invoque l'autorité du gallican et janséniste Saint-Simon, pour glorifier l'œuvre de laïcisation de Philippe-le-Bel, cela s'explique chez des Jacobins, qui font feu de tout bois pour éteindre l'Eglise sous leurs cendres. Mais vous n'êtes pas, vous, Messieurs les Positivistes, assez inconséquents pour vous mettre à la queue d'un bel olympien, qui faisait régner en France, sous son vernis païen, toutes les laideurs morales de l'enfer (1).

Michelet a vu plus clair dans ces profondeurs de Satan; et après avoir analysé l'Etat laïque, la Cour gallicane et le Parlement royal qui succèdent au lustre de la chevalerie, il conclut par ce trait vif: « Ce nouveau monde est laid. »

(1) Philippe-le-Bel, dit le duc de Saint-Simon, un des plus beaux et des mieux faits de son temps, fier et d'un grand courage, trop difficile à pardonner, trop rigoureux à châtier, noirci par la catastrophe des Templiers, prodigue en dépenses magnifiques, foula infiniment son peuple, osa le premier toucher à la monnaie et l'affaiblir, qui fut une plaie de l'Etat, qu'à son exemple ses successeurs n'ont que trop souvent rouverte. Il rendit le parlement sédentaire à Paris, d'ambulatoire qu'il était. Célèbre par la manière dont il se démêla des entreprises de Rome, meilleure à imiter que l'altération de la monnaie. Se laissa gouverner par ses ministres.
Sommaire de l'Histoire de France. République française, 24 juin 1881.

C'est ce Laid spirituel que nos républicains
semblent ne pas sentir, lorsqu'ils s'affublent
du manteau et se parent de la main de justice
inique des rois de la Renaissance, des nouveaux Césars. Il est écrit que les élus eux-
mêmes, quasiment, se laisseront séduire par
le Lucifer de la fin des temps. Les élus de la
démocratie moderne et leurs électeurs em-
mêlent les choses bonnes ou mauvaises d'un
air inextricable. C'est ainsi qu'aujourd'hui
même, ils se vantent, comme du double chef-
d'œuvre de leur apostolat, d'avoir consacré :

D'une part, 106 millions au spirituel et au
mobilier de l'instruction publique,

Et de l'autre part, 559 millions au matériel
de guerre (1).

On ne peut pas mieux résumer le bilan des
progrès de la société moderne laïcisée :

Beaucoup de foyers de lumière pétillants !

Et beaucoup plus de bouches à feu mitrail-
lantes !

Ce n'est pas ainsi qu'entendaient le progrès
de la Science positive au service de l'Humanité, les Goëthe et les Littré, quand ils criaient
au ciel et à la terre : « De la lumière, de la
lumière, encore de la lumière ! »

(1) Manifeste de l'Ecole Gambettiste, 3 août 1881,

Est-il bien possible, Messieurs, que votre science et votre humanité se mettent au service d'aucun de ces pouvoirs laïques, qui, tous, aristocratie, autocratie et démocratie, entretiennent avec un même amour les feux de l'esprit et les feux de l'artillerie, et qui poussent la manie de l'égalité brutale jusqu'à la rage, jusqu'à vouloir que tous les citoyens soient lettrés, lumineux, pour faire de tous les citoyens des soldats homicides, même les prêtres, les ministres du Dieu de paix ?

C'est là l'idéal de M. Ferry, le Mentor de la République athénienne.

Ce n'était point l'idéal de Littré, le Maître de l'Ecole humanitaire.

Non : vous ne pouvez pas, Messieurs les savants, cœurs humains, aller demander l'ordre et la liberté à des politiciens, qui, tous, veulent absorber les âmes dans l'Etat centralisateur.

Non : vous n'irez pas chercher l'épanouissement de l'altruisme chez des patriotes étroits et étriqués, qui, dans leurs discours et leurs manifestes, oublient absolument, non seulement Dieu, mais l'Humanité, dont vous avez le souci ; qui n'ont pas un mot d'amour et d'attrait pour les peuples nos frères ; qui n'aspirent qu'à entretenir sempiternellement l'égoïsme national, et à lui donner pour couronne radieuse un matériel de guerre de près de 600 millions, sans compter le personnel plus coûteux des victimes, double impôt monstrueux de l'argent et du sang !

Il faut sortir de là : c'est la fournaise d'un monde infernal, dont les princes, fussent-ils superbement enflés de bonnes intentions, bornent leur idéal aux Champs-Elysées païens, où des Ombres cultivent l'arbre du Bien et du Mal ; où, comme dit Shakspeare sur la tombe de Timon d'Athènes, les politiciens « emploient les loisirs de la paix à sculpter l'olivier en javelot de guerre. »

Vrais amis de la paix et de la liberté, vous venez d'assister, écœurés, à un nouveau festin du Saturne révolutionnaire. L'un des princes de la Plèbe les plus généreux s'est vu pris aux dents de la Plèbe la plus généreuse de ce Monde. Ce qu'il a mis à la bouche pure et savante de nos Religieux, on vient de l'appliquer à sa bouche éloquente : le bâillon ! Ce que le policeman a trouvé bon pour les gens d'Eglise, on va le faire sentir mauvais à l'homme d'Etat : l'extermination !

« Et ce sera justice ! crie aux oreilles du

tribun humilié une trompette du jugement.
Il est bon, il est juste, pour employer un peu
crûment un proverbe modifié de l'Ecriture,
que celui qui a frappé par la gueule, périsse
par la gueule, et que le roi de l'invective s'effondre au milieu de l'engueulement universel (1). »

Eloquence féroce, sur des mœurs politiques
atroces !

Justice rigoureuse de tous les anciens ré-
gimes ; cercle vicieux de représailles impitoya-
bles ; loi fatale du talion !

Qui nous en délivrera ?

Les héritiers de Philippe-le-Bel nous ont
fait retomber dans l'engrenage du cruel
Destin; et le meilleur d'entre eux a payé de
sa vie l'égarement des ancêtres coupables.
Les Napoléon, tous deux francs-maçons, nous
ont menés à un double abîme, sous les roues
de leur char d'Etat écrasant. Et voici que
Gambetta, le pseudo-positiviste, nous engage
dans la fatalité de semblables tortures.

Aucun de ces grands souverains laïques n'a
l'amour de la liberté pour tous et la notion
positive de l'ordre universel. Après l'orgueil,

(1) *Le Clairon*, 17 août.

qui disait : « Je réponds de l'ordre ! » et qui nous a menés par la servitude à l'anarchie; voici la vanité, qui se dit l'apôtre de la liberté, et qui nous ramène par l'anarchie à la servitude.

Non, Messieurs; dignes fils de Littré, vous n'aurez point dépouillé la théocratie du Christ, pour vous laisser revêtir de la théocratie des Césars.

Armez-vous donc de la lampe de la Science positive, et cherchez, jusqu'à ce que vous l'ayez trouvé, l'homme juste, l'homme saint, l'homme divin, principe et prince de la Justice et de la Paix !

Qu'êtes-vous ?

Les représentants de la Science naturelle. Les amis et docteurs de la bonne Nature.

Regardez autour de vous, et vous verrez partout, dans le Monde laïque, le Droit naturel subordonné :

Soit aux traditions charnelles,

Soit aux caprices des plébiscites incertains,

Soit au bon vouloir des autocrates (1).

Et vous ne découvrirez qu'un seul foyer de la vérité, un seul prince de l'ordre éternel qui

(1) Les trois principes que répudie saint Jean, I, 13 : *ex sanguinibus, ex voluntate carnis, ex voluntate viri.*

prenne la défense de la liberté humaine, en déclarant solennellement, absolument, infailli-blement, que le Droit politique de l'Etat doit être subordonné au Droit naturel, aux droits imprescriptibles de l'homme.

Ce foyer, c'est l'Eglise catholique; ce prince, c'est le Pape (1).

Il est vrai que le Vicaire de Jésus-Christ associe au Droit naturel le *Droit divin.*

Sur le Droit naturel, l'accord se ferait vite entre chrétiens et positivistes; il est déjà fait, et, en grande partie, grâce au génie conciliant de Littré.

Sur le Droit divin, nous sommes en plein' discord, parce que le Droit divin implique le surnaturel et le miracle.

C'est la question que nous allons essayer de débattre devant le tribunal de la science positive.

(1) Léon XIII, *Encyclique.*

XI

POUR FRANCHIR L'ABIME,
IL FAUT DES AILES

Charles Fourier a fort bien nommé ce monde où règne le Mammon de l'iniquité *un enfer industriel,* ce monde où gouverne César *un enfer social.*

Mais Fourier d'accord, avec Comte et Littré, pour mettre en juste suspicion les *illusions en liberté et les mirages révolutionnaires,* n'a pas plus que vos maîtres prétendu que tout était mauvais dans la Révolution et qu'il n'y avait rien de bon dans le Libéralisme.

C'est une erreur de croire que dans les humanités malades, égoïstes, anarchiques, guerrières, diaboliques, il n'y a rien que du mal. Toujours et partout le bien se mêle au mal; il arrive souvent que la considération du bien partiel ou superficiel fait perdre de vue le mal profond.

L'aspiration au bien dans l'âme humaine va jusque-là de vouloir être délivrée du mal.

Si donc il est évident que la Société actuelle

est encore un mélange, un mêli-mêla de pus mortel dans un sang généreux, il faut trouver à cet état adultère un remède héroïque, à cette maladie honteuse un dépuratif d'une action prompte.

Vous n'êtes pas, vous, de ceux qui désespèrent de la guérison : mais n'êtes-vous pas quelque peu, encore, de ceux qui attendent trop placidement, au milieu de vos livres et laboratoires, le succès des consultations de Comte, Stuart Mill et Spencer et de l'hygiène de Littré.

Les peuples perdent patience.

Le Tiers-Etat semble condamné, parmi les mirages des mêmes illusions, à succéder à la ruine de la noblesse, et ses chefs, Plutus et le Veau d'or, ne paraissent pas même avoir le pressentiment du roi, qui disait : « Après moi, le déluge ! »

Le déluge de feu dure depuis cent ans, et une dernière éruption, plus profonde, large et haute, peut tout engloutir sous ses laves.

Jam proximus urget Ucalegon.

C'est le *Coq Rouge !*

La bourgeoisie officielle, quand elle ne pousse pas à l'abîme, s'arrête sur ses bords.

Les conservateurs voudraient retourner en arrière; les républicains opportunistes, rester en place : les révolutionnaires leur ménagent le même enfouissement laïque.

Personne n'a le sentiment de la question sociale; personne n'a le sens ni du péril ni du salut. Combien sont-ils, ceux qui, dans le bruyant cyclone de l'anarchie, ont conservé aucune espérance d'aucun concert final ?

L'universelle insouciance des âmes délabrées chante :

— *Ça a toujours été comme ça !*

— Et il est bon que ce soit toujours comme cela ! ajoutent les trois classes dirigeantes de ce monde, les hommes d'argent, les hommes de lois et les hommes d'armes, tous ceux qui brillent aux premiers rangs, s'exaltent aux chaises curules et se prélassent sur les plus hautes couches.

— Eh bien, non ! point d'illusions vaines : ça n'a point été toujours comme ça, et ça ne peut plus aller comme ça.

Oui, sans doute, il y a eu souvent des Guerres Sociales; mais jamais la plèbe innombrable des deshérités n'a été armée contre les privilégiés de ce matériel de guerre,

LE SUFFRAGE UNIVERSEL !

Que se dresse du sein du peuple ouvrier un homme de génie, ou tant seulement un orateur ardent de la force de Gambetta : et, sous le tonnerre du Cyclope démagogique, la société entière croule et s'effondre.

Ce n'est pas dans une pareille situation qu'il est permis, qu'il est possible de renvoyer la réforme, la refonte sociale aux calendes grecques : ce qui est la manie de nos classes dirigeantes alanguies.

Ce n'est pas sous les coups du bélier populaire qu'il est loisible au Scientifisme d'objecter les lenteurs fatales de l'évolution darwinienne. Spencer convie l'humanité à évoluer terre à terre, de l'égoïsme à l'égo-altruisme et de l'égo-altruisme à l'altruisme, toujours ventre à terre ; et non pas même comme le rampant, en faisant peau neuve, mais en nous dépouillant de notre fond personnel. La timidité et la lenteur de ce système viennent de ce qu'il prétend à détruire l'égoïsme, le *ego*. Il y faudrait l'éternité. C'est contre nature. Littré et Fourier désirent concilier et harmoniser l'amour du moi avec l'amour du prochain. C'est ici la doctrine de l'Eglise et la volonté de Dieu (1).

Un positiviste éminent me recommande la

(1) Voir la discussion de cette thèse, t. Ier, p. 154.

dernière œuvre d'Herbert Spencer comme un instrument de sauvetage et un moyen d'arriver au port du repos scientifique. *La théorie de l'universelle aspiration au bonheur*, c'est fort beau ! c'est celle de Charles Fourier et de saint Augustin, et elle est vieille comme la Création et le Paradis. Mais Moïse, l'évêque d'Hippone, et le rêveur des *Attractions proportionnelles aux Destinées* n'ont pas greffé la sève divine sur l'arbre rabougri de Hœckel. Spencer est un savant considérable, un analyseur profond, subtil, ingénieux; mais ce génie manque d'envergure et conséquemment ne manque pas d'inconséquences et de contradictions. Singulière planche de salut, sur le torrent de la fin du monde ! Herbert Spencer, d'une main, avec sa théorie de l'entraînement fatal au bonheur, précipite les esprits vers le but; et, de l'autre main, avec sa théorie de l'évolution tardigrade, veut suspendre l'Irruption des Barbares, en exposant, méthodiquement et abstraitement, aux savants, qu'il faudra au genre humain des millions d'années pour attérir à un Paradis relatif.

« Encore un endormeur ! Va te promener ! » ripostera la sagesse des nations celtiques, Gaulois et Irlandais.

Entre le pas somnolent des sages de l'Evolutionisme et le bondissement des fous de la Révolution, s'interposent les prudents. Que sauveront-ils ? C'est pour nous un noir chagrin de voir des esprits hors ligne, comme MM. Taine et Renan, encourager les vaines lamentations des conservateurs béats, rafraîchir sous une forme ingénieuse les regrets et les griefs de l'Ancien Régime, et insinuer qu'aucune société ne peut vivre sans une aristocratie d'honnêtes gens lettrés et raffinés, se chargeant du devoir des jouissances esthétiques, heureux pasteurs des masses plébéiennes chargées de l'obligation des labeurs grossiers...

Ni les sages, ni les fous ne se plieront à ces accommodements sociaux illustrés de raccommodages poétiques.

Toutes ces philosophies nous attardent et nous clouent sur la margelle du puits de l'abîme.

Pour franchir le gouffre, il faudrait des ailes : c'est là ce qui manque à tant de fortes épaules.

La foi scientifique ne cherche pas assez la connaissance religieuse.

Le Scepticisme, chassé du domaine des

sciences naturelles et historiques par la Philosophie positive, demeure suspendu au-dessus
de nos têtes et nous cache les rayons des
humanités supérieures, saintes et divines.

L'indifférence en matière de religion dure
encore. Les yeux les plus éveillés, les cœurs
les plus hardis, se détournent des foyers célestes, parce qu'ils ont peur du miracle.

Il est bien peu de libres-penseurs qui se
posent, au moins, la question du surnaturel,
sauf à refuser l'acquiescement de leur raison
à la croyance universelle du genre humain.

Votre savant Maître est l'un des rares
esprits qui ont levé un regard sérieux sur les
problèmes religieux.

« Les questions dont je parle, disait-il, sont
celles sur lesquelles Claudien a douté en
si beaux vers :

Curarent superi terras, an nullus inesset
Rector et incerto fluerent mortalia casu.

« La disposition qui m'y ramène est trop
particulière à moi, à ma manière de sentir
et de penser et, si je puis ainsi parler, au
développement de mon histoire psychique
pour que je ne la décrive pas. Cette descrip-

7*

tion préliminaire éclairera d'avance bien des points. Au début, après des oscillations entre le spiritualisme qui eut ma première adhésion et le doute qui me saisit quand je me fis la redoutable question : Comment sais-tu ce que tu crois ainsi ? je laissai aller toute ma religion naturelle, et je devins négateur d'une façon fort analogue à celle du xviii⁰ siècle. De cette négation je fus tiré par la Philosophie positive. Elle m'enseigna la relativité de mon entendement et l'imprudence de nier ou d'affirmer en présence d'un immense incognoscible (1). »

Ayant cessé de nier avec le Scepticisme, Littré devait nécessairement être conduit par la Philosophie positive à affirmer.

Vainement espérait-il encore demeurer en suspens entre ciel et terre. Ne pas affirmer, c'est ne pas savoir. Or, Dieu veut qu'on sache; le ciel veut être connu; la nature supérieure ouvre progressivement à la nature inférieure ses arcanes mieux éclairés.

L'historien qui avait rendu justice à l'Eglise

(1) *Pour la dernière fois*, janvier 1880.

du Moyen Age, à l'Evangile et au Christ, devait parvenir vite à voir d'où sont venus ces foyers de la plus haute et définitive sagesse morale.

Du ciel et du sein d'un Dieu recteur, lui répondaient les historiens du drame évangélique, saint Luc et saint Jean : *de cœlo a Deo* (1).

Le Scepticisme, n'ayant plus l'oreille de Littré, ne pouvait plus balancer cet esprit positif sur le doute de Claudien : « Les choses humaines coulent-elles dans l'incertitude, pour aller tomber au hasard, dans l'océan de la mort ? »

L'Evolutionisme de Hœckel ne pouvait pas retenir ce grand cœur sur l'hypothèse d'un vague progrès indéfini, ayant pour unique origine la monade matérielle.

Comment ce génie de tant de bon sens aurait-il attendu d'en bas, de *l'Esprit de la Terre* qui a si bien abruti Wagner et dégradé Faust, un idéal supérieur, la soif du meilleur, la vue de la destinée, le souci de toutes les humanités, nos sœurs, qui peuplent les cieux, ordonnées autour de leur Soleil ?

(1) *Actes*, I, 9-12. *Apocalypse*, XXI, 1, 2.

Ou bien Littré devait laisser flotter et couler jusqu'au bout sa pensée au hasard et dans l'incertitude;

Ou bien il devait s'arrêter devant des puissances supérieures qui ont cure des terres, devant un Principe recteur, capable d'aider l'humanité dans son évolution, dans ses transformations, et de favoriser son exaltation vers les hauts courants de la vie naturelle surnaturalisée.

XII

LITTRÉ EST DANS LE SEIN DU DIEU VIVANT

Du moment où Littré consentait à contempler *la sombre grandeur de l'immense*, un tel esprit amoureux de la clarté, de la réalité, ne pouvait pas ne pas être poursuivi par le besoin de découvrir dans l'immensité, ou dans notre univers, ne fût-ce que dans notre tourbillon, une forme positive et précise de la grandeur vivante.

Et pourquoi n'aurait-il pas trouvé un repos pour son regard dans ce personnage historique le moins sombre de tous, car il se nomme

« la Lumière du monde » ; le plus positif et réel, car il est chair et os comme nous ; le plus accessible, car il dit à tous : « Venez à moi, mes frères, mes amis ; je vous apporte soulagement et vie nouvelle ? »

Voilà bien le bon Dieu des bonnes gens.

Mais non point, comme celui de Béranger, familier sans lien de famille, sans amour sensible et sans bons offices positifs.

Le nôtre est frère, ami, père, maître, inspirateur. Dans ce Cosmos organisé par la Sagesse éternelle, où tout se meut selon les harmonies de lois fixes, il s'est réservé d'intervenir parfois, tout comme le père et la mère et la petite maman interviennent auprès de leurs vifs enfants jouant en liberté, pour les remettre en ordre et en bonne voie, pour les réconcilier entre des bras pacifiants et sur des cœurs aimants.

« Je suis d'avis, m'écrivait hier l'un des hommes les plus considérables de l'Ecole positiviste, je suis d'avis qu'on indique trop à Dieu ce qu'il a à faire. Il est, ou il n'est pas. S'il est, il sait ce qu'il fait ; et il a, selon les époques et comme des échelons différents qui mènent à quelque chose que lui seul connaît, des Manou, des Confucius, des Zoroastre, des

Manès, des Moïse, des Jésus, des Mahomet, des Voltaire et des Littré. »

C'est parfaitement vrai ; et à tel point, que le Dieu des Juifs et des Chrétiens nous a dit : « C'est moi qui fais les biens et les maux, *et mala.* » Et, causant familièrement avec son serviteur Job, il lui explique qu'il a créé les monstres avant les hommes, et qu'il a chargé les hommes monstrueux de préparer les voies pour le règne des justes (1).

Mais ce Gouverneur du monde (comme l'appelle Stuart Mill) n'a jamais dit que l'homme ne devait pas concourir avec Lui au progrès de l'Humanité, et il n'a défendu à aucun enfant de demander un bienfait à son père. Avons-nous une providence plus dévouée, attentive et savante que la mère? S'ensuit-il que le bébé soit mal venu à lui demander à téter, que le bambin ait tort de crier après les confitures ?

La demande du bien est le premier acte de l'âme vers le bien. La prière est le prélude de la libre recherche.

Dieu, s'il a fait la série des grands personnages cités par votre condisciple, ne les a pas

---

(1)................ Job, XL, 10, 14.

mis sur le même rang ni sur la même échelle.
Les uns sont des contradicteurs nécessaires :
oportet hæreses esse ; les autres sont des
aides bienfaisants et des fondateurs féconds.
Il y a, dit Charles Fourier, des instruments
de la *Providence inverse;* et ceux-ci ne sont
point beaux, et doivent être soustraits et mis
dehors. C'est ainsi que Littré s'honore, à bon
droit, d'avoir jeté à la porte la négation de
Voltaire (1).

N'écoutez donc plus Voltaire, le sceptique,
qui criait jadis, en ricanant : « Pour admettre
une intervention de Dieu dans nos affaires, il
faut être manichéen, il faut croire qu'il y a un
principe qui défait ce que l'autre a fait. »

Faut-il croire à deux principes contraires,
pour s'expliquer comment l'agriculteur détruit
le tuteur dont son jeune arbre n'a plus besoin;
comment un architecte démolit les échafauds
qui ont servi à l'édification du temple ; comment la mère cesse de tenir au placenta qui
fut nécessaire à la protection et à la nourri-
ture de l'embryon, et s'en délivre, et le jette
au fumier ?

Le voltairianisme, c'est le bégaiement de la

_____

(1) *Pour la dernière fois,* p. 330.

critique. Voltaire est un enfant terrible d'un esprit endiablé ; mais ce n'est qu'un marmot en science positive.

N'écoutez pas davantage M. Havet. Je m'étonne qu'un positiviste éminent comme M. Wyrouboff parle la langue de ce rationaliste émérite. Nous verrons, plus loin, que la méthode Havet est absolument contradictoire à la méthode Littré. Il ne nous reste, avec M. Havet, qu'à faire, de loin, appel à son cœur contre le déni de justice de ses sens et de son entendement.

Auprès de vous, disciples de Littré, si vous lui restez fidèles, nous aurons non seulement votre cœur grand ouvert devant le nôtre, mais de plus nous conserverons le droit d'en appeler d'une opinion faite aux faits, et des raisonnements préconçus à des libres raisons toujours complaisantes à s'instruire.

Si vous en êtes encore aux préjugés du Rationalisme et aux railleries du Scepticisme, alors à quoi bon une philosophie nouvelle, positive ? retournez à l'école chez M. Havet ou chez Voltaire.

Si vous êtes les fils de Littré, vous devez être la Raison humaine accessible à tout ce

que le Sens peut atteindre, à tout ce que le
Cœur peut aimer.

Nous en appelons de vos emportements de
zèle à votre propre sagesse. Est-il sensé, raisonnable et charitable d'écrire publiquement :
« Nul ne croit au miracle de nos jours, pas
même ceux qui les exploitent ? »

C'est nier l'évidence, et donc déraisonner,
et c'est insulter gratuitement la bonne foi des
croyants : trois faiblesses indignes d'un fils
légitime de Littré.

S'il n'y a pas de miracle, il n'y a donc pas
de contact positif entre Dieu « Gouverneur
du monde », et les hommes, rois de la terre.

Ce contact, que les martyrs et les saints ont
attesté, les femmes continuent à le sentir et à
l'aimer. C'est un fait indéniable.

Et non seulement les femmes conduisent leurs
enfants au Dieu incarné, mais vous pouvez voir
nos églises se remplir de plus en plus d'hommes mâles comme vous, libres comme vous,
très libres-penseurs, puisqu'ils ont la force de
se dégager de votre courant nombreux, et le
courage de braver l'armée puissante que vous
menez à l'assaut du ciel, que les Césars ont
rassemblée pour le siège de Rome, que les Jacobins traînent au siège des Ordres religieux.

Qu'allons-nous donc faire dans les oratoires, sinon prier? Or, dit votre Maître, « pour prier, il faut croire au miracle (1). »

Et non seulement nous y croyons, au miracle; mais nous proclamons notre foi avec l'assurance de la certitude et de l'évidence, et nous avons la prétention de justifier notre croyance devant les plus fortes raisons et les plus exercées, les vôtres, nos très savants frères.

Littré a bien dit, et en toute bonne foi, ce mot :

« Il n'y a plus de miracles. » Mais a-t-il prétendu qu'on n'y croyait plus, à moins de mauvaise foi? C'est le contraire. Il écrit en parlant d'un païen : « Sans doute la foi de Xénophon est robuste, *mais elle est sincère* (2). » Où voyez-vous que ce cœur juste ait mis en suspicion la sincérité « des Xénophons catholiques et protestants? » C'est le contraire. Il nous montre sa mère priant et le priant lui-même de s'agenouiller « pour demander à Dieu le salut de sa sœur et de son frère. » En 1811, l'enfant priait avec sa maman; en 1838.

(1) *Pour la dernière fois.* Revue, août 1881, p. 21.
(2) *Pour la dernière fois, Philosophie positive*, p. 21 et 25.

le philosophe refusait de se mettre à genoux à côté de sa mère, parce qu'il ne croyait plus au miracle.

Mais Littré n'a jamais défendu qu'on lui en fît voir, s'il y en a. Il a dit, en homme sensé, en vrai positiviste :

« Les esprits émancipés demandent de meilleures garanties de l'intervention de la Providence dans le gouvernement du monde que la Théologie n'a pu en donner depuis qu'elle est rigoureusement interrogée..... La *libre discussion reste ouverte* (1). »

Certes, nous voici loin des procédés de Voltaire et de M. Havet.

La méthode de Littré ne nous interdit donc pas le droit de discuter, devant son Ecole naturaliste, la proposition nouvelle que voici:

Rien n'est plus naturel que le surnaturel.

« Prenez donc, et lisez. »

Cette seconde épître a été écrite pour M. Littré : votre Maître n'en a plus besoin. Elle s'adresse à ses fils. Daignez accueillir, comme il l'eût fait lui-même, avec bienveillance, ce témoignage de respect et d'affection.

(1) *Pour la dernière fois*, p. 25.

Si l'insuffisance de ma parole vous détourne, cherchez le bon désir sous la forme,

« Suppléez au peu d'art que le ciel mit en moi. »

Dussiez-vous détourner vos yeux de nos livres, vous n'échapperez pas à nos prières. Les Saintes Femmes et les fils de saint Jean, qui, dans le cloître et dans le monde, ont prié pour le Maître, persévéreront à prier pour les disciples ; et, quoique vous fassiez, vous finirez par sentir passer, du cœur de vos sœurs, de vos épouses et de vos filles, la cordialité du Christ au plus profond de votre cœur, où habite l'Esprit d'amour.

Quoi que vous pensiez et disiez à cette heure d'émotion et de peine, vous n'éviterez pas l'attraction de votre Maître, et vous aurez par lui la consolation dans la science accomplie.

Vous prenez le solennel engagement de le suivre avec religion : allez donc à sa suite où il est monté, dans la société des hommes saints, des anges et de Dieu.

Il est là-haut, dans un autre monde plus avancé, mieux ordonné et plus heureux, à la place méritée où l'a conduit saint Jean, au banquet de la vie éternelle, sur le Cœur adorable du plus éclairé et du plus tendre des frères.

Vous aurez tous part à ces agapes, hommes de bonne volonté. Où donc trouverez-vous ailleurs le pain supersubstantiel ?

Nous allons voir, de plus en plus, les âmes libres et les écoles libérales fatiguées de chercher au large et vers le bas dans le domaine exclusivement biologique, demander le complément de leurs découvertes aux sphères supérieures et redresser vers le ciel théologique le front sublime de l'Humanité.

A cette heure solennelle, viennent de grands artistes, comme Munkacsy, de savants et doux apôtres comme M. Huvelin, et les glaces seront rompues entre nous : nous cesserons de ne voir que nous dans le miroir opaque ; et, au delà, dans la transparence des cieux purs, nous contemplerons Dieu face à face, et en Dieu nous nous retrouverons nous-mêmes, images persistantes, ressemblances accomplies de notre Père, de notre Mère et de notre Frère célestes, *qui in cœlis sunt.*

A qui iriez-vous, hommes de grands désirs ? Et ne sentez-vous pas que les justes, pour délivrer du mal ce pauvre monde tout entier posé dans le désordre, n'ont qu'à répéter l'acte de foi et de science du prince des Apôtres :

« A qui irions-nous, Seigneur ? vous avez les

paroles de la vie éternelle... Nous avons cru
d'abord, et puis nous avons connu, que vous
êtes bien le Christ, le Fils du Dieu vivant (1). »

L'Humanité n'a passé par la foi théologique
que pour parvenir à la science théologique.
Vous qui comprenez que la foi de l'âge primi-
tif ne suffit plus à la raison humaine plus
avancée, appliquez donc vos puissantes fa-
cultés à trouver et démontrer la science du
ciel et de Dieu, *la Théologie positive.*

Tel a été, n'en doutez pas, le dernier aperçu
de votre Maître : il a eu l'entrevue de la vie
immortelle, et il a senti descendre sur son
âme, avec un sourire de complaisance, Celui
qui est la Résurrection et la Vie.

Mais voici qu'à l'heure même où j'achève
de crier vers vous, le Poète de l'Ecole positiviste crie contre moi.

« Que nous parlez-vous de résurrection et
de vie au nom d'une Eglise qui ne vous en-
tretient que d'enterrement religieux et de
mort. Vous êtes la conciliation en personne ;
vous êtes le chrétien le plus endurci que je
connaisse. Il n'y a que vous pour avoir l'idée
de faire l'entente et la solidarité entre Fourier,

(1) S. Matthieu, XVI, 16 ; S. Jean, VI, 69, 70.

Littré et saint Grégoire ou saint Jean. Comment diable voulez-vous que les chrétiens sincères dans l'idéal et l'immolation de soi-même, sur cette terre d'épreuves et même de châtiments, admettent une minute la philosophie d'un homme (Spencer) qui déclare et prouve que toutes les pensées, toutes les actions, tous les mouvements, même les plus mécaniques et inconscients de la personne humaine, tendent au plaisir, et que sans cette tendance rien ne serait dans le monde, pas même le sacrifice, le dévouement, qui sont les preuves extrêmes de cette théorie ? »

Je me propose de répondre au doute du poète philosophe, dans une troisième épître à lui-même adressée. Il nous suffit, pour l'instant, de lui remettre en mémoire ce mot du plus grand des Enfants prodigues, notre aîné, qui m'envoie frapper à la porte de son cœur, saint Augustin : « Il n'y a, pour l'homme, aucune cause de philosopher, si ce n'est en vue de parvenir au bonheur. »

C'était la visée de Littré et son espérance. Il a cru, de 1843 à 1880, que le fondateur de l'Ecole positiviste « l'avait élevé à un point de vue universel qui peut tenir lieu de métaphysique et de théologie ». Et il disait : « Mon esprit dès lors devint tranquille et la sérénité fut trouvée. » Et il voyait le dernier mot du Socialisme et de l'immensité de ses aspirations dans la science et la morale de son Maître. Et il s'écriait, comme le poète antique, avec enthousiasme :

Magnus ab integro seclorum nascitur ordo (1)!

Comment l'ordre final dans l'Humanité et la sérénité dans les cœurs seraient-ils venus d'un Maître qui, lui-même, n'ayant trouvé ni la tranquillité ni la sérénité, faute de théologie, devait finir par les chercher du côté du Dieu inconnu, et par donner un coup de tête dans son dôme terrestre, pour entrevoir un jour plus vif du côté du ciel ?

Comment le point de vue où Auguste Comte avait élevé Littré aurait-il montré l'âge d'or et la félicité à un tel cœur, du moment où, dans sa Terre Promise, sa Moitié lui apparaissait soucieuse et désolée ? Qu'est-ce qu'un Paradis où l'aliment religieux manque au cœur de la Femme ?

Ce n'est pas seulement notre corps mortel et notre affection temporelle que veut l'âme

(1) *Révolution et positivisme,* p. 286, 328.

aimante et dévouée; c'est notre âme, c'est
notre âme immortelle; c'est avec nous, cœur
à cœur, la vie éternelle.

Si votre Science naturelle suffit à la paix
des esprits, comment donc vous expliquez-
vous, Messieurs, que vos condisciples ouvrent
incessamment leurs yeux sur des horizons
plus vastes et vers des profondeurs célestes
plus sublimes? Pourquoi Alexandre Dumas
vous appelle-t-il à découvrir le lien de l'homme avec son principe et sa fin? Pourquoi
M. Durand-Gréville vous dit-il que *la Religion
est la clef de voûte de la société* (1)?

Et donc, pourquoi Littré, répudiant la superstition de Xénophon et de Sganarelle,
n'aurait-il pas accédé à la foi théologique de
Sophocle et de Corneille et murmuré le *Credo*
de Polyeucte et du Pauvre de don Juan?

Pourquoi son œil calme et pénétrant n'aurait-il pas distingué le Fils du Dieu vivant,
que le regard incertain d'Auguste Comte n'a
pas su contempler? Pourquoi sa main pure
ne se serait-elle pas élevée, pour restaurer,
entre terre et ciel, la pierre de l'angle, que
Voltaire avait rejetée d'un coup de sa patte

_____

(1) *Revue nouvelle,* p. 500.

légère? Pourquoi le vertueux patriarche n'aurait-il pas dit l'*ave* de son respect à la Vierge-Mère qu'honorait la virginale héroïne flétrie par le souffle impur du Scepticisme (1) ?

N'en doutez pas, chers Messieurs, votre Maître, après avoir très efficacement développé la morale et la politique d'Auguste Comte, a fini par élargir et accomplir sa science. Et cette fin est le couronnement logique de sa vie.

Son père, très libre-penseur, l'avait préservé des négations aigres de Voltaire.

Sa mère, protestante pieuse, l'avait élevé, tout enfant, à prier pour ses frères.

Sa femme, sainte catholique l'a convié à prier avec elle, et il l'a fait dans la plénitude de sa raison et de son libre arbitre.

Sa fille dévouée, enfant de son cœur et sœur de son génie, est le témoin juste et irrécusable de la liberté parfaite qui a toujours régné dans l'âme forte de votre Maître et autour d'elle.

Sous les ailes de ces anges, Littré, cet autre *bœuf sacré*, au bout de son sillon, est rentré dans l'étable de saint Thomas d'Aquin, *in stabulum;* et du sein de la Crèche, il convie votre bonne nature à se laisser perfectionner par la grâce céleste, à l'Ecole du théologien angélique.

(1) Saint Matthieu, xxi, 42.

Le bon Samaritain, votre père, a goûté à l'eau qui rejaillit dans la vie éternelle, et il vous sollicite d'ouvrir à la soif de l'Eglise les sources de votre science positive.

M. Littré est dans la lumière parfaite et dans la sérénité de la paix éternelle; et, dans un monde meilleur, il poursuit, par le désir et l'acte, le grand œuvre de la Science évangélique universelle. Oui, soyez-en certains, votre digne Maître, vous espère dans la société des convertis sublimes, saint Paul et saint Augustin, dans la compagnie des saintes femmes et des Anges, et veut vous voir monter avec lui, de vertu en vertu, de lumière en lumière, de joie en joie, sur l'échelle des humanités célestes, au haut de laquelle est le Seigneur Dieu des vivants !

J'invoque, avec confiance, au nom du plus pur des Saints, Jean, le nom de ce plus pur des Justes, Paul-Emile Littré, afin d'avoir, par leur intercession, avec un peu plus d'assurance et de force, la consolation et le bonheur d'édifier vos âmes généreuses dans l'Ordre de la sainte Eglise catholique apostolique romaine.

Jour de l'Assomption 1881.

NOTE POUR LE CHAPITRE V

Dans l'analyse des causes rationnelles et des influences cordiales qui ont pu frapper l'esprit de M. Littré et ramener son cœur à Dieu, nous avons oublié un fait considérable.

Au moment où le plus illustre disciple d'Auguste Comte publiait ses réserves sur la doctrine de son Maître, en 1864, le propre beau-frère de Littré, mon ami le Docteur Charles Pellarin, avait fait un effort pour le pousser à un écart absolu du *Comtisme*, et pour l'élever du positivisme terrestre au théisme.

Pellarin, mon ancien condisciple dans l'Ecole de Fourier, ne parlait pas en catholique, loin de là. Il reprochait même à Comte son jugement trop favorable sur le Moyen Age chrétien ; critique que Littré ne pouvait admettre. Le Dieu vague, non tangible, que présentait le libre-penseur phalanstérien, ne devait point satisfaire l'âme d'un positiviste. Mais Littré a pu trouver des arguments dignes d'attention dans le livre de cet excellent frère, qui lui criait, avec respect et tendresse : « *Sauvons l'idée de Dieu !* (1) »

(1) *Essai critique sur la Philosophie positive. Lettre à M. Littré.* Librairie sociétaire, place St-Michel, 6.

Nous reviendrons au cher Docteur Pellarin dans notre quatrième lettre consacrée aux *Miracles modernes*, et nous espérons faire comprendre à ce grand cœur, à cette noble intelligence, que, étant admis « un Esprit supérieur, ordonnateur des choses, directeur du mouvement universel », il n'est pas possible à l'homme d'entrer dans le royaume de Dieu sans l'assistance de Dieu, sans le miracle.

TABLES DES MATIÈRES

TOME PREMIER

NOS ACCORDS

L'erreur relative aux créatures fausse la science que l'on possède sur Dieu.

Deux livres à étudier : la Bible et la Nature.

Que l'on parte d'en haut ou d'en bas, il faut produire la science, et se rencontrer dans la lumière.

Fourier, Auguste Comte, Littré, Jules Simon, Ernest Renan ramènent à la religion naturelle, qui mène à la surnaturelle.

CHAPITRE Iᵉʳ. — Cosmologie.

Quant à l'unité universelle, il y a pleine concordance entre

Sophocle et Salomon,
Virgile et Isaïe,
Charles Fourier et Jérémie,
Goëthe et Origène,
Geoffroy Saint-Hilaire et saint Thomas,
Janet et l'abbé Moigno,
Renouvier et le P. Secchi,
Victor Meunier et Lapparent.

L'analogie universelle.

Charles Fourier et Hugh Doherty confirment saint Grégoire-le-Grand ;

S. E. Dom Pitra autorisé par Comte, Littré, Herbert Spencer et Fouillée ;

Les théologiens mystiques justifiés par Shakspeare, La Fontaine, Jean-Jacques Rousseau et tous les poètes.

L'Homme, microcosme,

La Femme, Athéné, ou Notre-Dame, type de la Cité religieuse.

Le mouvement et le pivot d'action.

Inséparabilité du moi et du prochain.

L'humanitarisme implique la femme et l'enfant.

L'amour de notre humanité conduit à l'amour des autres humanités.

Transformations progressives, de la terre aux cieux, à l'infini.

Transition : l'état embryonnaire précède la vie lumineuse.

Le phothophone de Bell va justifier le Verbe de Dieu :

« Il y a plusieurs demeures dans la maison de mon père. »

La vue scientifique de la Pluralité des mondes confirme l'Evangile.

Il est naturel de s'aimer avant d'aimer le prochain, et d'aimer l'humanité avant d'aimer Dieu.

Trois foyers de la vie : la terre, le ciel et Dieu.

Wallace, Crookes, Zellner, Freckner, Ulrici suivent Keppler, Newton, Herschell sur l'échelle des Anges, et aspirent, comme Christophe Colomb, à la découverte d'un nouveau monde. Stuart Mill entrevoit un Dieu qui gouverne l'univers.

Saint Jean le théologien ouvre le ciel au positiviste Littré, et réunit le cœur du savant au cœur du Christ.

TOME SECOND

NOS DISCORDS

Réflexions sur la mort de Monsieur Littré.

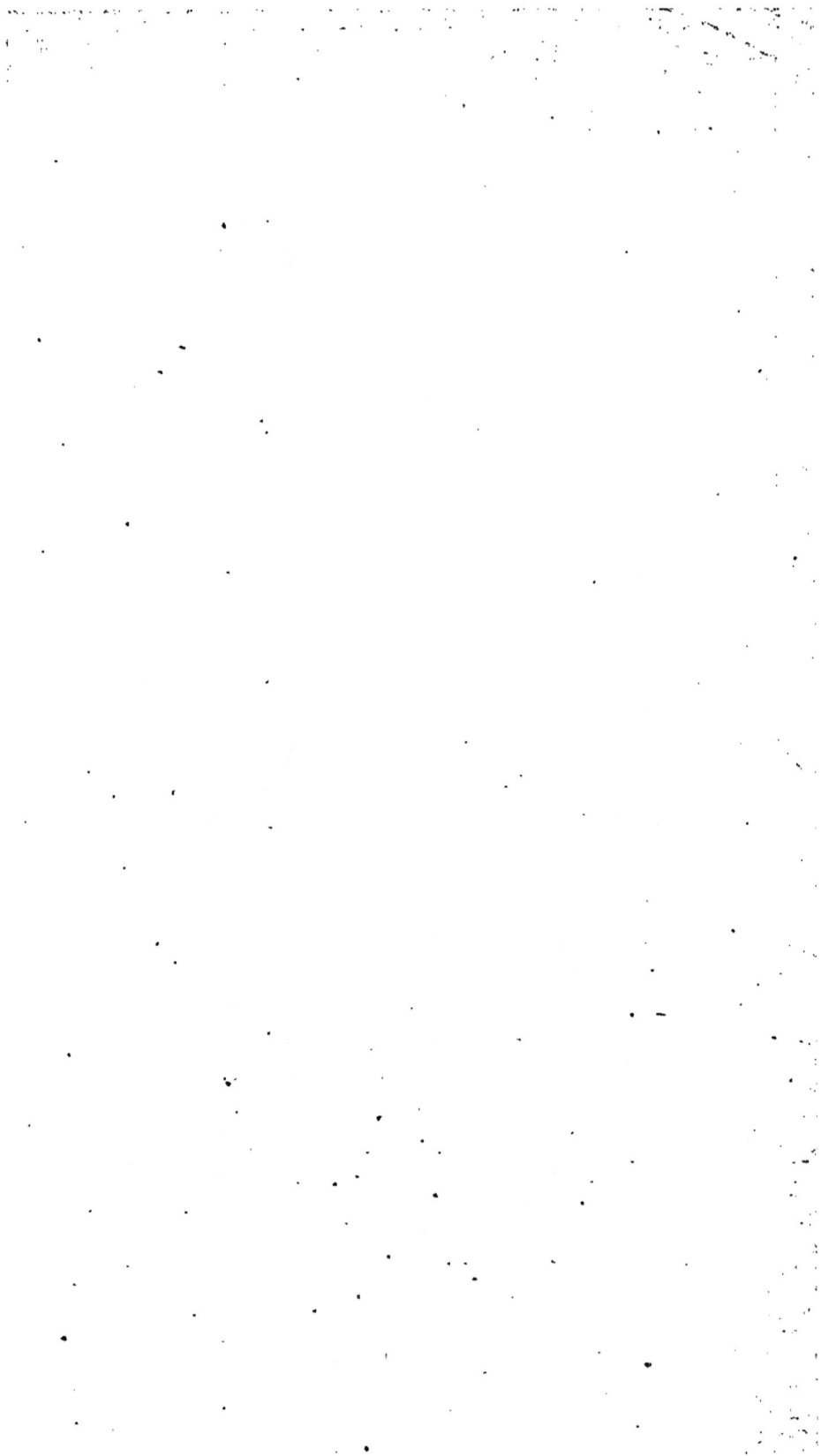

TOME TROISIÈME

CHAPITRE Iᵉʳ. — Sociologie.

CHAPITRE II. — **Philosophie théologique**.

THÉORIE DU MIRACLE

Engrenage des sphères naturelles; transition.
Série des providences.
Le ciel cultive l'humanité, comme l'homme cultive la terre.
Jésus-Christ opère toute la série des miracles.
Impulsion du Principe directeur sur les âmes libres : Napoléon à Arcole, Wellington à Waterloo, pour la guerre et la mort; Jésus à la tête de l'Humanité, pour la Résurrection, et la Vie.

Besoin naturel d'aller vite au but, au bonheur.
Le progrès accéléré par le miracle.
Toute l'humanité a senti Dieu providence.
L'instinct et le sens, plus forts que la raison, précèdent la science.
Jésus-Christ et l'Eglise ne détruisent pas la religion enfantine : ils l'accomplissent.
La mère transforme son embryon en homme.
La science a reconnu le Fils de l'Homme : elle va reconnaître le Fils de Dieu.
Evolution, transformation, révolution.
Enfantement laborieux.
Passage subi du Chaos à l'Harmonie.
Accélération de mouvement, si les Anges s'en mêlaient, si Dieu !
L'Esprit divin plus rapide que l'électricité.

On connaît l'arbre à son fruit.
Autre est la foi, et autre l'abus de la foi.
Xénophon et Tartufe ne sont point la monnaie de Jésus.
Les saints transforment l'homme animal en homme; l'Ange transforme l'homme spirituel en homme-Dieu.
Jésus de Nazareth principe et témoin du miracle de l'amour divin.
Les païens en étaient à l'esclavage et à la guerre :

150

signes de Caïn; les juifs, à la domination sur la femme : signe d'Adam déchu.

Jésus-Christ révèle la fraternité universelle, et restaure dans ses droits naturels et divins la Femme, qu'il fait Reine de la terre et du ciel : signes de Dieu.

Et il affirme que tous ses miracles d'amour et de toute-puissance proviennent du ciel et du Père éternel.

C'est lui, Jésus, qui a attiré Littré, par les attraits de la bonne nature, dans les embrassements de la divine Charité.

Pour paraître prochainement

AUX POSITIVISTES

ALEXANDRE DUMAS

EMILE ZOLA ET LÉON GAMBETTA

———

LES MIRACLES MODERNES

LE SACRÉ CŒUR ET LA CITÉ DE DIEU

Bar-le-Duc. Typ. de l'Œuvre de St-Paul. L. Philipona et Cᵉ. - 673

Original en couleur

NF Z 43-120-8

www.ingramcontent.com/pod-product-compliance
Lightning Source LLC
Chambersburg PA
CBHW050014100426
42739CB00011B/2636